MOIS DE MARIE

HISTORIQUE

DE NOTRE-DAME DU PUY

Par l'abbé Edouard PEYRON

2me ÉDITION

Soigneusement corrigée et considérablement améliorée.

SE VEND AU PROFIT D'UNE ÉCOLE DE FRÈRES

LE PUY

A. PRADES-FREYDIER, IMPRIMEUR-ÉDITEUR

PLACE DU BREUIL

—

1898

Lk 7
24125
A

MOIS DE MARIE

HISTORIQUE

DE NOTRE-DAME DU PUY

Par l'abbé Edouard PEYRON

2me ÉDITION

Soigneusement corrigée et considérablement améliorée.

SE VEND AU PROFIT D'UNE ÉCOLE DE FRÈRES

LE PUY

A. PRADES-FREYDIER, IMPRIMEUR-ÉDITEUR

PLACE DU BREUIL

1898

A NOTRE-DAME DU PUY

SONNET

Au temps où je n'étais qu'un frêle enfantelet,
Ma mère, sainte femme au visage biblique,
M'emmenait bien souvent dans votre Basilique
Egrener à vos pieds les grains d'un chapelet.

Après quoi, dans ses bras, comme un tendre agnelet,
Elle m'introduisait dans la chambre angélique,
Et me faisait baiser, ainsi qu'une relique,
Les souliers de Jésus en velours violet.

Il me semblait alors que votre auguste image
Souriait, ô Marie, à ce naïf hommage
D'une humble pauvre femme au cœur simple et fervent.

Depuis lors je vous aime, ô sainte Vierge noire,
Et si votre sourire embellit cette histoire
C'est qu'il ensoleillait mon cœur en écrivant.

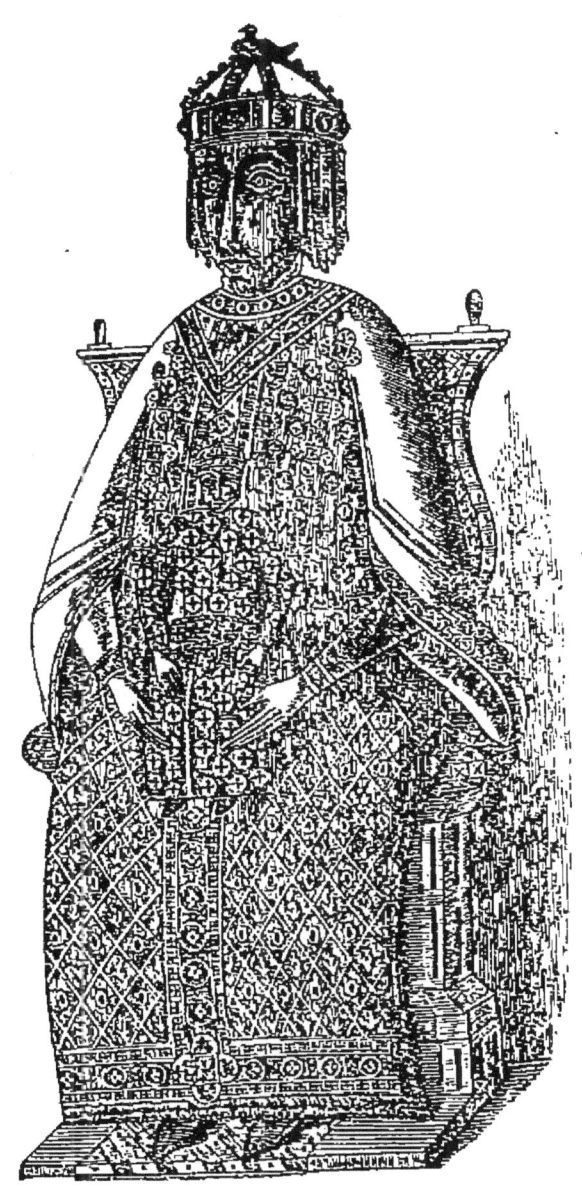

CAMILLE ROBERT.

LETTRE APPROBATIVE

De Monseigneur Constant-Louis GUILLOIS

Evêque du Puy.

Evêché
DU PUY

Le Puy, le 10 mars 1898.

Cher Monsieur le Curé,

Ce m'est une véritable et bien douce satisfaction d'approuver et de recommander votre *Mois de Marie historique de Notre-Dame du Puy*.

Quand la divine Providence m'appela, il y a quatre ans, à diriger ce beau et religieux diocèse du Puy, vous m'envoyâtes un exemplaire de la première édition de votre ouvrage. Je m'empressai de le parcourir : j'y pris le plus vif intérêt ; et il m'apprit tout de suite ce qu'il m'importait surtout de savoir de l'histoire de mon diocèse. Il fit mieux encore : il me donna courage et confiance, en me mettant sous les yeux es témoignages incontestables de la protection toute spéciale de Marie sur nos montagnes et dans nos vallées du Velay.

Aussi ne suis-je pas étonné du rapide écoulement de votre première édition, dont le tirage fut cependant si considérable.

Vous avez été très heureusement inspiré, cher monsieur le Curé, dans la réédition de votre *Mois de Notre-Dame* par la suppression de certains détails d'une critique douteuse, et par l'addition de considérations et d'applications pratiques, pleines d'à-propos et d'intérêt.

Je ne dis rien du style, qui est toujours correct, facile, vivant, poëtique parfois et du meilleur aloi.

Je ne doute pas que cette seconde édition ne fasse son chemin comme la première. Toutes les familles chrétiennes tiendront à la posséder. Sa lecture, en les instruisant et en les édifiant, les intéressera vivement, puisqu'elle fera revivre devant elles toutes les gloires de leur pays.

C'est donc de tout cœur que je bénis votre livre, et que je vous bénis vous-même, cher Monsieur le Curé, en vous priant de recevoir l'expression de mes affectueux sentiments.

† CONSTANT, *Ev. du Puy.*

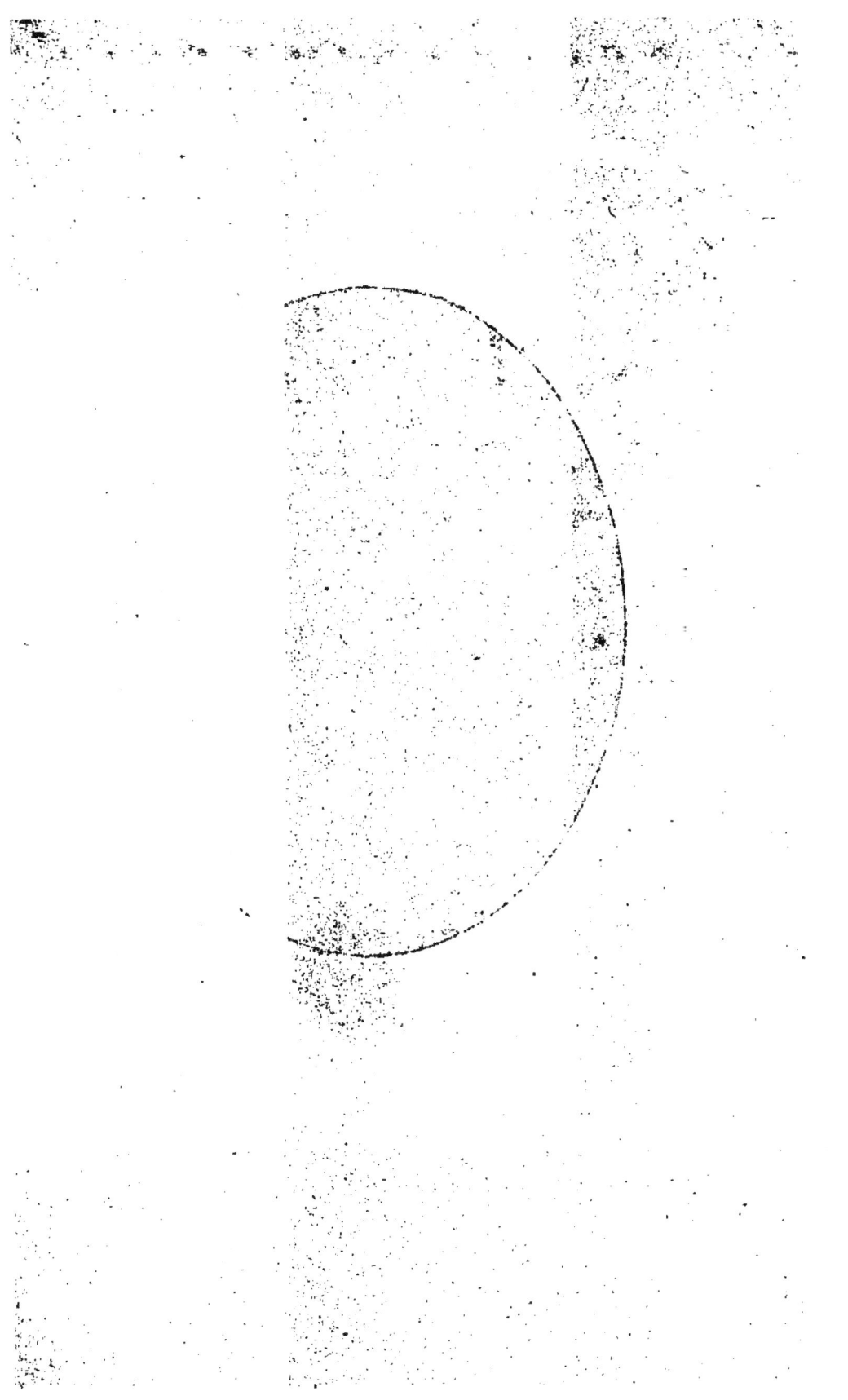

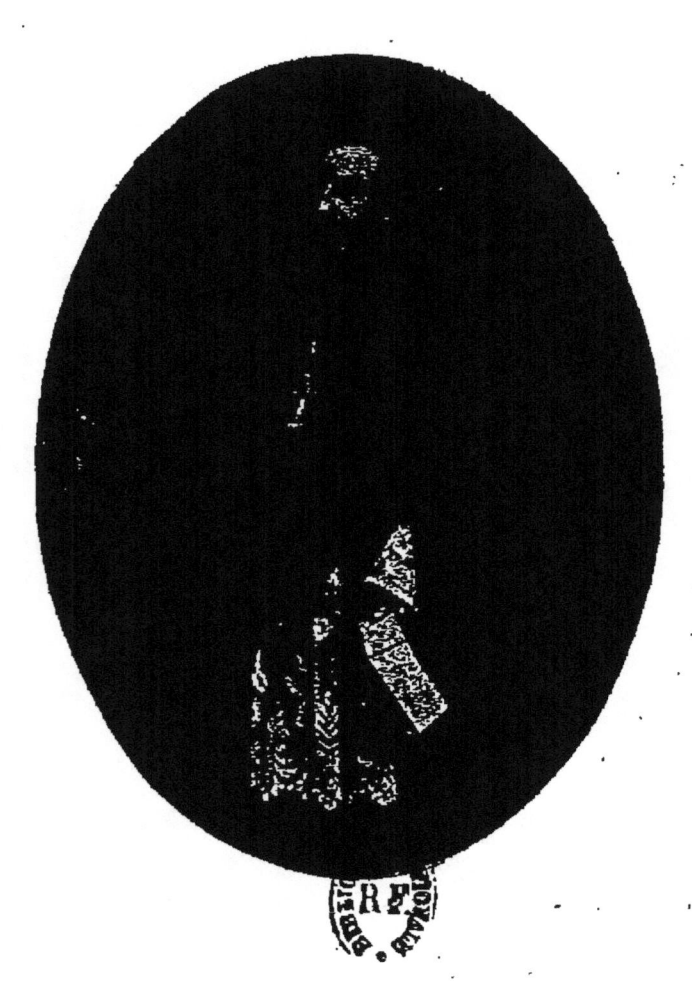

LETTRE APPROBATIVE

De Monseigneur G. de PÉLACOT

Evêque élu de Troyes.

Evêché
DU PUY

Le Puy, le 9 avril 1898.

Bien cher Curé,

C'EST de tout cœur que j'unis mes félicitations à celles de notre vénérable Evêque, pour l'heureuse inspiration qui vous porte à rééditer votre *Mois de Marie historique de Notre-Dame du Puy* : vous savez combien le succès de cet ouvrage m'avait rendu heureux et fier, son auteur ayant compté parmi mes jeunes disciples au petit séminaire de la Chartreuse. Le saint et regretté Mgr Le Breton avait donné à votre travail une de ses plus paternelles bénédictions; et Notre-Dame du Puy, mieux connue et mieux aimée, grâce à vous, s'était plu à féconder ce travail entrepris pour sa gloire.

Aujourd'hui, vous rendez la lecture si utile de votre ouvrage accessible à tous, en supprimant les points qui pourraient être au-dessus de la portée de quelques-uns et en fortifiant la partie pieuse et pratique ; c'est une bonne pensée que Dieu bénira, parce qu'elle a en vue le bien réel des âmes.

Le succès brillant de la première édition est, d'avance, assuré à la seconde. Croyez, mon cher Curé, que nul ne s'en réjouira plus sincèrement que votre ancien Maître. Sur le point de quitter cette terre du Velay si fortement imprégnée de la sève chrétienne, il emportera le souvenir ému du zèle, de la piété, du dévouement des excellents prêtres du Diocèse de Marie ; le vôtre, mon cher Curé, ne lui sera, croyez-le, ni le moins précieux ni le moins fidèlement gardé. Vous prierez cette Vierge noire que vous aimez tant et que vous honorez si bien, pour celui qui va porter au loin la divine semence et vous demanderez au Pontife éternel de fortifier, de consoler et de guider le nouvel Evêque de Troyes, votre tout affectueusement dévoué en Notre-Seigneur.

G. DE PÉLACOT, *Ev. élu de Troyes.*

DÉDICACE DE LA 2me ÉDITION

A Monseigneur Constant-Louis GUILLOIS

Evêque du Puy.

Monseigneur,

Lorsque Notre-Dame du Puy vous eût choisi pour être l'Evêque de son Diocèse de prédilection, je me fis un devoir de vous offrir un exemplaire de ce petit livre; et la bienveillance avec laquelle vous daignâtes l'accueillir, le vif intérêt que vous prîtes à sa lecture, furent pour moi une bien douce récompense.

Déjà, quinze ans auparavant, un de vos plus éminents prédécesseurs qui fut à mon égard un véritable Père et un généreux bienfaiteur, Mgr Le Breton, de digne et sainte mémoire, daigna bénir et approuver cet humble ouvrage en des termes qui lui firent grand honneur et lui portèrent vraiment bonheur... En effet, grâce à la recommandation de l'Evêque de Notre-Dame du Puy, ce petit livre qui parlait d'elle avec amour eût une vogue inespérée ; à tel point, qu'en moins de deux mois, il s'en écoula, dans le diocèse et dans les diocèses limitrophes, près d'un millier d'exemplaires...

En vous dédiant aujourd'hui la nouvelle édition revue, corrigée et considérablement améliorée de ce petit *Mois de Marie*, j'ose espérer, Monseigneur, que vous daignerez, comme votre illustre et regretté prédécesseur, le recommander à la lecture et à la piété de vos chers diocésains pour lesquels il a été spécialement écrit ; et j'implore à cet effet, pour lui, pour son auteur et pour son éditeur une de vos plus paternelles bénédictions.

La Sainte Ecriture a dit que celui qui sème les bénédictions, en récoltera à son tour de très abondantes : « *qui benedictiones seminat de benedictionibus et metet* » — que Notre-Dame du Puy, l'auguste et bien-aimée Patronne de ce diocèse, vous rende au centuple les bénédictions que vous aurez répandues sur ce petit livre ; et qu'elle vous accorde en retour toutes les grâces spirituelles et temporelles, toutes les joies et toutes les satisfactions que votre cœur d'Evêque peut désirer, et qu'il mérite si bien !

C'est dans cet espoir, Monseigneur, que je vous prie d'agréer les sentiments de profonde vénération et de filial attachement avec lesquels j'ai l'honneur d'être, de Votre Grandeur, le très humble et très respectueux serviteur,

L'abbé Edouard PEYRON.

Desservant de Vieil-Brioude.

AVERTISSEMENT AU LECTEUR

Pour cette 2me Edition.

La première édition de notre *Mois de Marie historique de Notre-Dame du Puy* étant complètement épuisée, sur les instances de nombreuses âmes dévouées à la Reine du Mont-Anis, et pour venir aussi en aide à notre chère Ecole des Frères de Vieil-Brioude, nous faisons paraître cette nouvelle édition.

Comme sa devancière, elle voit le jour sous les auspices et avec l'approbation de Monseigneur l'Evêque du Puy qui a bien voulu en accepter la Dédicace. En outre, suivant en cela les conseils et les indications qui nous ont été donnés par des personnes expertes et faisant autorité pour nous, nous avons soigneusement revu, corrigé et considérablement amélioré notre premier travail.

Nous en avons retranché les longueurs et les superfétations ; nous avons supprimé certains chapitres moins intéressants, et les avons remplacés par d'autres qui nous paraissaient avoir plus d'intérêt et d'à-propos. Enfin nous nous sommes appliqué à faire, de cet ouvrage, un livre attrayant, populaire et édifiant, d'une lecture courte et facile, d'une piété solide et de bon aloi, en même temps que d'un véritable intérêt historique pour tous les amateurs de notre histoire locale.

Pour ne pas distraire la piété et ne pas étaler une érudition inutile et hors de saison, nous avons négligé d'indiquer à chaque fait et à chaque document, le livre et l'auteur d'où nous les avons tirés; mais nous nous sommes fait un devoir d'indiquer, une fois pour toutes, les sources authentiques où nous avons puisé les matériaux de notre livre. Ces sources sont nombreuses et abondantes. Quelques-unes sont fort peu connues. On les trouvera énumérées à la fin de cet ouvrage.

Et maintenant, va ton chemin, ô cher petit *Mois de Marie de Notre-Dame du Puy!* va répandre partout l'amour et la dévotion pour la Reine du Mont-Anis! Et que cette bonne Mère daigne agréer les hommages de l'auteur, des lecteurs et des auditeurs de ce petit livre. Ainsi soit-il!

L'abbé Edouard PEYRON.

PRÉFACE

Un illustre Américain, Jefferson, a dit cette belle parole : « Tout homme a deux patries, la sienne et puis la France ! » Nous dirons à notre tour aussi : tout Français a deux patries, la grande et la petite : la grande, celle dont le nom superbe fait passer je ne sais quel enthousiasme magique dans le cœur de tous ses enfants, et résonne à leur oreille comme un clairon de victoire ; la petite, cette province, cette ville, ce village, cette chaumière, cet humble petit coin de terre, en un mot, où nous sommes nés, où nous avons fait nos premiers pas dans la vie, et où, pour la première fois, nous avons ri et pleuré, souffert et aimé.

Ces deux patries ont beau n'en faire qu'une et se confondre dans notre cœur, elles n'en sont pas moins distinctes dans la conception de notre esprit, et l'amour même dont nous les aimons ne se produit pas absolument de la même manière : L'une, la grande patrie, nous inspire surtout un amour violent et passionné, généreux et fort qui nous pousse sans cesse à nous sacrifier pour elle et à mourir au besoin pour sa défense et son honneur ; l'autre, la petite patrie, nous fait venir au cœur des sentiments plus tendres et plus doux. Rien de farouche dans cette tendresse... mais un suave sentiment d'affection d'une extrême sensibilité et d'une délicatesse infinie qui nous tient profondément au cœur et qui nous étreint tout à la fois doucement et fortement — *suaviter et fortiter* — comme le lierre fait du chêne !

Enfant du Velay, nous ne pouvions échapper à cette loi et ne pas être épris, nous aussi, de tendresse pour notre chère petite patrie. Ayant à écrire un livre où il est si souvent question d'elle, l'on ne s'étonnera donc point de trouver ce sentiment répandu comme un parfum à travers ces pages. L'amour de la France et l'amour du Velay s'y confondent, en effet, avec l'amour de la sainte Vierge, pour offrir à Notre-Dame du Puy un hommage qui semblait manquer à son triomphe.

On a beaucoup écrit sur la Reine du Mont-Anis : Nous possédons sur elle des chroniques admirables et d'un intérêt hors ligne. Peu de villes peuvent s'enorgueillir de posséder des *Annales* manuscrites comme celles de Médicis, de Jacmon et de Burel ; mais ces vieilles chroniques, éditées dernièrement avec tant de mérite et d'érudition par M. Chassaing, et formant ensemble quatre gros volumes in-4°, sont, par leur prix et leur format, au-dessus de la portée du commun des lecteurs. Les histoires du P. Théodose de Bergame, capucin, du P. jésuite Odo de Gissey et de l'ermite Théodore, outre qu'elles sont bien vieillies et démodées de style, sont devenues presque introuvables aujourd'hui, et leur extrême rareté n'en permet l'achat qu'aux riches bibliophiles. Quant aux ouvrages plus récents du P. Caillau et de M. Montlezun, quoique très précieux, ils n'ont guère, à notre avis, les conditions voulues pour arriver à la diffusion populaire.

Il manquait donc un livre qui fût le résumé complet de toute l'histoire de Notre-Dame du Puy, dont la rédaction, puisée à bonne source, présentât cependant un intérêt soutenu, et qui, par son prix modique et son format commode, fût à la portée de toutes les bourses et de tous les lecteurs.

C'est ce que nous avons essayé de faire dans ce petit livre que nous présentons aujourd'hui au public.

Avant de le composer, nous avons lu tous les auteurs, sans exception, qui ont écrit sur la Reine du Mont-Anis. Nous avons mis à profit les découvertes historiques qui sont venues, de notre temps, apporter de nouvelles lumières sur notre célèbre pèlerinage et faire briller sa gloire d'un éclat nouveau. Nous nous sommes particulièrement servi des documents si précieux contenus dans les *Tablettes historiques du Velay* et dans les nombreux volumes formant la collection des intéressants *Mémoires de la Société académique du Puy ;* nous nous sommes aidés également des travaux si érudits de M. Siméon Luce, dans la *Revue des Deux-Mondes*, ainsi que des recherches historiques de MM. Chassaing, Ch. Rocher, Antoine Jacotin, Lascombe et Aymard. Nous avons puisé aussi dans les savantes études de M. Fraisse, curé de Monistrol, du R. P. Fita, jésuite espagnol, de

M. l'abbé Payrard, et de M. Arsac, professeur d'histoire au petit séminaire de la Chartreuse.

Enfin les auteurs classiques, Arnaud et Francisque Mandet, n'ont pas été non plus négligés par nous. Bref, nous pouvons dire qu'il n'est pas, à notre connaissace, un seul ouvrage, un seul opuscule où il soit parlé de Notre-Dame du Puy, que nous n'ayons lu, la plume à la main, pour composer ce petit livre. C'est cet ouvrage que nous présentons à tous les habitants du Velay comme la charte authentique des gloires de leurs aïeux, et comme le résumé historique des gloires de la Reine du Mont-Anis.

Nous avons écrit ce résumé de façon à ce que la lecture en pût être faite pendant le mois de mai, et nous avons intitulé notre travail : *Mois de Marie historique de Notre-Dame du Puy*. En cela, nous avons eu un motif que nous tenons à découvrir et à expliquer ici : S'il y a quelque chose d'affligeant dans notre pays, pour celui qui en a étudié et qui en connaît la glorieuse histoire religieuse, c'est l'ignorance, à peu près complète et universelle, où l'on est, chez nous, de tout ce qui a fait, dans le passé, l'honneur et la célébrité de notre petite patrie. On ignore que le Velay et le Puy en particulier auraient à peine un nom dans l'histoire et sur la carte de France, si Marie n'avait pas rendu ce non célèbre, non seulement en Europe, mais dans le monde entier. Otez au Puy et au Velay le sanctuaire et le pèlerinage du Mont-Anis, et le Puy n'aura qu'un nom sans gloire et sans histoire, dont l'écho n'éveillera nulle part aucun souvenir émouvant. Quant au Velay, comme les Sierras d'Espagne ou les Cordillères d'Amérique, il ne sera connu que par le nombre, la hauteur et l'aspérité de ses montagnes. Ce sera alors un simple point géographique perdu dans les Cévennes...

Mais Marie a illustré, par ses apparitions et ses miracles, ce petit coin de la France. Elle en a fait pendant de longs siècles, un des lieux le plus fréquentés du monde. Elle en fit en particulier, au quinzième siècle, le refuge de la royauté malheureuse et le ferme rempart de la défense nationale. C'est elle enfin, qui, de la miraculeuse statue vénérée sous les voûtes de la basilique Anicienne, fit véritablement, aux époques de crise et de danger, le Palladium sacré de la grande et de la petite patrie ! Qui sait cela aujourd'hui ? Personne, hormis quelques prêtres studieux et quelques laïques érudits. Voilà pourquoi nous avons voulu faire connaître les gloires de notre pays à tous ceux qui avaient le malheur de les ignorer. Notre petit livre sera pour le plus grand nombre une véritable révélation. Puissions-nous avoir tous les habitants du Velay pour lecteurs ! Nous faisons ce vœu, non pour la vaine gloriole d'être lus, mais parce que l'amour de notre pays nous tient au cœur et que nous voudrions remettre en possession, chacun de nos compatriotes, de ce que nous considérons comme leur meilleur et leur plus glorieux patrimoine !

Mais le but que nous nous sommes spécialement proposé, et que nous avons voulu surtout atteindre, c'est de faire connaître, aimer et vénérer Notre-Dame du Puy ! c'est de réveiller la dévotion à demi éteinte des habitants du Velay envers leur auguste protectrice. Quand on relit les vieux auteurs qui ont écrit sur notre pays, on ne peut s'empêcher d'être ému en voyant l'amour ardent et l'incroyable dévotion que l'on professait au Puy envers la Reine du

Mont-Anis. Mais cette émotion se change bientôt en tristesse et en regrets, quand on considère le présent et que l'on compare à la piété et à la religion de nos pères, notre froideur et notre irréligion actuelles. Hélas ! le sanctuaire de Notre-Dame est désert !... Quelques centaines d'âmes pieuses le visitent bien encore fidèlement ; mais on n'y voit plus accourir, comme autrefois, les foules compactes des pèlerins. Les derniers qui sont venus de la fidèle Ardèche, au mois de septembre 1881, au lieu d'être, comme par le passé, accueillis bienveillamment et acclamés avec transport, ont été bafoués d'une façon indigne, insultés, maltraités même par une populace en délire. Qui n'a, parmi nous, présente encore à l'esprit, cette écœurante scène d'impiété et de sauvagerie qui rappelait, à s'y méprendre, les plus mauvais jours de la grande Révolution. Au dire des malheureux qui ont osé faire cet outrage à Marie, l'ère des pèlerinages à Notre-Dame du Puy aurait été, ce jour-là, définitivement close, grâce à un simple arrêté municipal, et le règne de la Foi dans le Velay serait, dès lors, bel et bien fini. Nous n'en croyons rien ; car malheur à notre pays, si l'impiété de notre temps devait toujours prévaloir ! Ce n'est pas en vain qu'un peuple renie ainsi ses traditions religieuses les plus vénérables et son passé le plus glorieux. Mais encore une fois, pour l'honneur et le bonheur du Velay, nous espérons que la crise religieuse par laquelle nous passons ne durera pas. Oui, par la grâce de Dieu et la protection de Marie, des jours se lèveront (puissent-ils bientôt venir !) où Notre-Dame du Puy reverra les fêtes, les pèlerinages et les triomphes d'autrefois ! Puisse ce petit livre, préparer et hâter l'avènement de cette ère réparatrice, en ravivant, dans tous les cœurs Vellaviens, l'amour ancien et la vieille dévotion du moyen âge envers la Reine du Mont-Anis.

O Marie ! ô Reine du Mont-Anis, cet humble ouvrage, dont l'absence était une lacune, et qui manquait aux fidèles du Velay, je suis heureux de l'offrir à votre cœur maternel, comme un hommage, hélas ! bien imparfait de ma reconnaissance et de mon amour ! Daignez l'accepter et l'avoir pour agréable, ô Vierge immaculée ! que l'affection avec laquelle ce don vous est offert, vous en fasse oublier les défauts et les imperfections! O Marie, bénissez ce pieux travail entrepris en votre honneur, et daignez suppléer à ce qui lui manque, en obtenant, à vos pieux serviteurs qui voudront s'édifier par sa lecture, la grâce et l'amour de votre fils en ce monde et le bonheur du Paradis en l'autre.

LA SAINTE MESSE

ENTENDUE

En l'honneur de Notre-Dame du Puy

PRÉPARATION.

Dieu de puissance et de majesté, je vais assister, par votre grâce, au plus redoutable et au plus saint de nos mystères ; je désire profiter des faveurs que vous prodiguez à ceux qui s'y présentent avec un désir ardent de voir votre saint amour s'introduire dans leur cœur. Remplissez mon âme de cet esprit de charité, de sacrifice, d'abnégation dont le cœur de Marie était pénétré au pied de la Croix, sur le Calvaire, à la vue de vos souffrances. Que les dispositions de votre divine Mère soient les miennes : je ne vous présente pas la pureté de son âme, l'éclat de ses vertus ; mais je vous offre un cœur disposé à suivre votre loi sainte, à profiter de l'effusion de votre sang et de votre amour, pour devenir meilleur. Je désire, ô mon Dieu ! que l'auguste sacrifice auquel je vais assister soit utile au salut de mon âme. Vierge sainte ! aidez-moi à assister dévotement à la célébration de ce grand mystère, aidez-moi à éloigner toutes les distractions importunes qui pourraient m'empêcher d'en goûter tout le fruit.

Au Confiteor.

Je confesse à Dieu tout puissant, à la bienheureuse MARIE toujours vierge, à saint Michel archange, à saint Jean-Baptiste, aux apôtres saint Pierre et saint Paul, et à tous les Saints, que j'ai beaucoup péché, par pensées, par paroles et par actions ; je m'en sens coupable, je m'en avoue coupable, je m'en reconnais très coupable. C'est pourquoi je supplie la Bienheureuse MARIE toujours vierge, saint Michel archange, saint Jean-Baptiste, les apôtres saint Pierre et saint Paul, et tous les Saints, de prier pour moi le Seigneur notre Dieu.

Que Dieu tout puissant nous fasse miséricorde, et qu'après nous avoir pardonné nos péchés, il nous conduise à la vie éternelle.

Ainsi soit-il.

Que le Seigneur tout puissant et tout miséricordieux nous daigne accorder le pardon, l'absolution et la rémission de nos péchés.

Ainsi soit-il.

Au Kyrie eleison.

Mon aimable Sauveur, faites-moi miséricorde : le nombre et l'énormité de mes péchés ont irrité votre colère ; écoutez les gémissements de mon cœur ; ayez pitié de moi, et purifiez mon âme. Puissante Reine du Ciel, vous êtes le refuge des pécheurs, je suis des plus coupables : j'implore votre secours pour fléchir la justice de Dieu, dont je mérite d'éprouver les vengeances.

Au Gloria in excelsis.

Mon Dieu, je veux vous louer, vous bénir, vous adorer et vous rendre de continuelles actions de grâces sur la terre, pour le faire éternellement dans le ciel. Etre suprême, il n'y a que vous qui soyez très grand et très puissant ; recevez les hommages que je vous offre, en les unissant à ceux que votre très sainte Mère vous a rendus durant tout le cours de sa vie ; exaucez mes prières, effacez mes péchés.

Aux Oraisons.

Seigneur, nous joignons nos prières à celles de votre ministre ; accordez-nous les secours qu'il vous demande pour le salut de notre âme, et pour nos besoins temporels. Pénétrez-nous de votre amour et faites-nous la grâce de vous être toujours fidèles ; nous vous en supplions par l'intercession de votre auguste Mère.

Au Credo.

Mon Dieu, je crois sans hésiter toutes les vérités du Symbole des Apôtres ; je veux vivre et mourir dans cette croyance. Faites que ma foi soit animée par la pratique des bonnes œuvres. Vierge sainte, vous avez été déclarée bienheureuse, parce que votre foi a été vive et agissante ; c'est ce qui vous a mérité les faveurs dont le Ciel vous a comblée : obtenez-moi la grâce d'être toujours soumis et fidèle à ce que l'Eglise nous enseigne et nous ordonne.

A l'Offertoire.

Mon divin Sauveur, je vous offre tout ce que j'ai et tout ce que je suis ; c'est de vous que je l'ai reçu, je suis disposé à vous en faire le sacrifice quand vous l'exigerez de moi. Recevez cette offrande en union avec celles que la très sainte Vierge vous a faites.

A l'Epître.

Divin JÉSUS, rendez mon esprit attentif et mon cœur docile aux saintes vérités que les prophètes et les apôtres nous ont annoncées ; ne permettez pas qu'elles ne servent qu'à me rendre plus coupable ; faites-moi la grâce de les bien entendre et d'en profiter. Inspirez-moi les sentiments de piété et de ferveur dont votre très digne Mère était pénétrée, lorsqu'Elle écoutait les paroles de vie qui sortaient de votre bouche sacrée.

A l'Evangile.

Seigneur, gravez dans mon cœur les maximes de votre saint Evangile ; faites qu'elles soient toujours l'unique règle de ma conduite. Inspirez-moi du mépris pour les maximes du monde, elles me perdraient ; je ne veux ni les suivre ni les écouter. Accordez-moi la grâce d'imiter votre glorieuse Mère, qui conservait dans son cœur le souvenir de vos paroles et de vos actions.

Au Lavabo.

Seigneur, lavez mon âme, effacez toutes les taches qui la défigurent à vos yeux qui sont si purs et si saints ; rendez-lui la beauté qu'elle a reçue dans le baptême et qu'elle a perdue en vous offensant. Vierge Immaculée, vous avez été exempte de toute souillure ; je suis né dans le péché, j'ai eu le malheur d'y vivre bien longtemps : obtenez-moi la grâce de ne plus le commettre.

A l'Orate Fratres.

Divin Jésus, donnez-nous l'amour de la prière et la grâce de la bien faire ; inspirez-nous le recueillement et la ferveur dont nous devons être pénétrés durant ce sacrifice que le prêtre vous offre pour la gloire de votre nom, pour le salut de notre âme et pour l'avantage de toute votre Eglise. Vierge très sainte, intercédez pour nous, afin que votre fils adorable exauce nos prières.

A la Préface.

Rien de terrestre n'aura mon cœur ; mon Dieu, c'est à vous seul que je le consacre : je m'unis à toute la cour céleste pour vous rendre mes hommages, et pour vous remercier plus dignement de tous les dons de la nature et de la grâce de votre divine bonté ; Vierge sainte, vous êtes notre médiatrice dans le ciel : offrez à

Dieu mes prières, afin qu'elles lui soient agréables.

Au Sanctus.

O mon Dieu, que vous êtes saint, et que je suis pécheur ! Votre sainteté vous élève infiniment au-dessus de nous, mais votre amour vous fait descendre jusqu'à nous pour nous sanctifier. Vierge sainte, vous avez contribué à notre salut en devenant la Mère de notre divin Rédempteur : aidez-nous à le bénir, à le glorifier, et à le remercier de tout ce qu'il a fait pour nous.

A l'Elévation de l'Hostie.

O sacré Corps de Jésus ! je vous adore dans cette sainte hostie, Père éternel, c'est votre divin Fils qui s'est réduit dans cet état de victime, pour votre gloire et pour notre salut : j'unis mes hommages à ceux qu'il vous rend. Vierge sainte, c'est de vous que notre divin Rédempteur a reçu le corps adorable immolé pour nous sur la croix et sur nos autels. Très digne Mère de Dieu, obtenez-nous les grâces qui sont le fruit de ce sacrifice.

A l'Elévation du Calice.

Mon aimable Sauveur, c'est votre sang, c'est votre divine personne que j'adore dans ce calice. Vierge sainte, ce sang précieux a coulé dans vos veines sacrées : priez votre divin Fils de m'en appliquer les mérites pour purifier mon âme et la sanctifier.

Au commencement du Canon.

Dieu tout puissant, Père des miséricordes, nous vous prions très humblement d'accepter le sacrifice que nous vous offrons. Faites-nous la grâce d'en recevoir tout le fruit qu'il peut opérer. Très auguste Mère de notre aimable Sauveur, priez-le qu'il répande ses bénédictions sur l'Eglise, sur le souverain Pontife qui la gouverne, sur notre Pasteur, sur le Velay, sur la France et sur **tous les Fidèles.**

Au Memento *des vivants.*

Seigneur Jésus, écoutez les prières de tous ceux qui assistent à ce saint sacrifice. Je vous recommande mes parents, mes bienfaiteurs, mes amis et mes ennemis. Je vous demande pour eux et pour moi ce que vous connaissez nous être utile pour notre salut ; daignez nous l'accorder en vue des mérites de la glorieuse Vierge Marie et de tous les saints que nous invoquons.

Suite du Canon.

Seigneur, ne permettez pas que vos serviteurs oublient ce que vous avez fait et souffert pour eux ; l'auguste sacrifice de la messe nous en rappelle tous les jours le souvenir ; puissions-nous en recevoir les effets salutaires ! c'est la grâce que nous vous demandons par l'intercession de votre très digne Mère.

Au Memento *des Morts.*

Mon Dieu, jetez un regard favorable sur les âmes qui souffrent dans les flammes du purgatoire. Hâtez-vous de les recevoir dans le séjour de la gloire et de la paix. Ecoutez leurs soupirs, accordez à leurs désirs le bonheur éternel que vous leur destinez. Reine du Ciel, Mère de miséricorde, nous implorons votre secours pour ces âmes souffrantes.

Au Pater.

Notre Père qui êtes dans les cieux, que votre nom soit sanctifié, que votre royaume nous arrive : que votre volonté soit faite en la terre comme au ciel. Donnez-nous aujourd'hui notre pain quotidien ; pardonnez-nous nos offenses, comme nous pardonnons à ceux qui nous ont offensés ; et ne nous laissez pas succomber à la tentation, mais délivrez-nous du mal.
Ainsi soit-il.

Au Libera nos, quæsumus.

Seigneur, délivrez-nous de nos péchés, faites-nous la grâce de ne plus les commettre, et préservez-nous des peines éternelles que nous avons méritées. Eloignez de nous toutes les occasions de vous offenser, et tout ce qui pourrait troubler la paix de notre âme. Vierge sainte, protégez-nous contre les ennemis de notre salut, et dans les dangers dont nous sommes menacés.

*A l'*Agnus Dei.

Divin Agneau, Victime adorable qui vous immolez pour nous, votre sang a effacé nos péchés ; achevez de purifier nos âmes, ayez pitié de nous, rendez-nous dignes de recevoir la paix, qui est un des fruits de votre sacrifice.

Mère de Dieu, priez votre aimable Fils de nous en appliquer les mérites.

A la communion du Prêtre.

O mon divin Jésus! qu'heureux sont les ministres et les fidèles que vous rendez dignes de vous recevoir tous les jours dans la communion ! Que n'ai-je le même bonheur et les mêmes dispositions ! Je dois au moins être sensible à cette privation : Seigneur, j'en suis affligé. Vous seul pouvez remplir les désirs de mon cœur, son aridité ne vient que du peu de zèle que je mets à recevoir le pain de vie ; rendez-moi digne d'approcher de votre sainte table. Vierge très pure, obtenez-moi la grâce de ne point sortir de ce monde sans être muni de ce sacré viatique.

Aux dernières Oraisons.

Je vous rends grâces, ô mon Dieu ! de m'avoir fait participer à vos saints mystères ; faites que j'en conserve précieusement la mémoire et le fruit : je vous le demande par les mérites de JÉSUS-CHRIST, qui s'est offert et immolé dans l'auguste sacrifice auquel j'ai eu le bonheur d'assister, dans ce jour que j'ai choisi pour honorer d'un culte spécial la glorieuse Vierge MARIE, reine des anges et des hommes.

A la Bénédiction.

O Dieu tout puissant! Père, Fils et Saint-Esprit, donnez-moi votre bénédiction, afin qu'étant secouru de votre grâce, je sois toujours fidèle à vos commandements. Vierge sainte, le Seigneur a répandu sur vous l'abondance de ses bénédictions ; intercédez pour moi afin que nous ayons le bonheur d'y participer.

A l'Evangile de S. Jean.

Verbe éternel, qui vous êtes fait homme pour nous rendre les enfants de Dieu, je vous remercie de cette grâce ineffable et de ce que vous avez daigné habiter parmi nous. Rendez-moi reconnaissant de l'honneur que vous m'avez fait en m'adoptant pour votre enfant ; faites que ma vie réponde à cette qualité inestimable, afin que je sois du nombre des bénis de votre Père et que je règne avec eux dans le séjour de votre gloire. O la plus pure des vierges ! c'est dans votre sein sacré que le Fils de Dieu s'est incarné. Cette qualité de Mère de notre adorable Sauveur vous rend, après la très sainte Trinité, l'objet le plus digne de notre culte et de notre confiance. Recevez les hommages que nous vous offrons, et accordez-nous votre protection.

PRIÈRE APRÈS LA MESSE

Mon Dieu, je vous demande pardon de la dissipation où j'ai laissé aller mon esprit, et de la froideur que j'ai sentie dans mon cœur, au temps que je devais être tout occupé de vous, tout enflammé de votre amour. Je vous remercie de la faveur que vous nous avez faites, j'irai avec confiance aux occupations où je crois que votre volonté m'appelle. Je me souviendrai pendant toute la journée de cette grâce, et je tâcherai de ne laisser échapper aucune parole ni aucune action, de ne former aucun désir ni aucune pensée qui me rende indigne de votre bénédiction, et qui me fasse perdre le souvenir de vos saints mystères.

Vierge sainte, divine MARIE, vous m'aiderez pendant cette journée à m'acquitter ponctuellement des résolutions saintes que j'ai prises pendant l'auguste sacrifice, et qui doivent contribuer à ma sanctification.

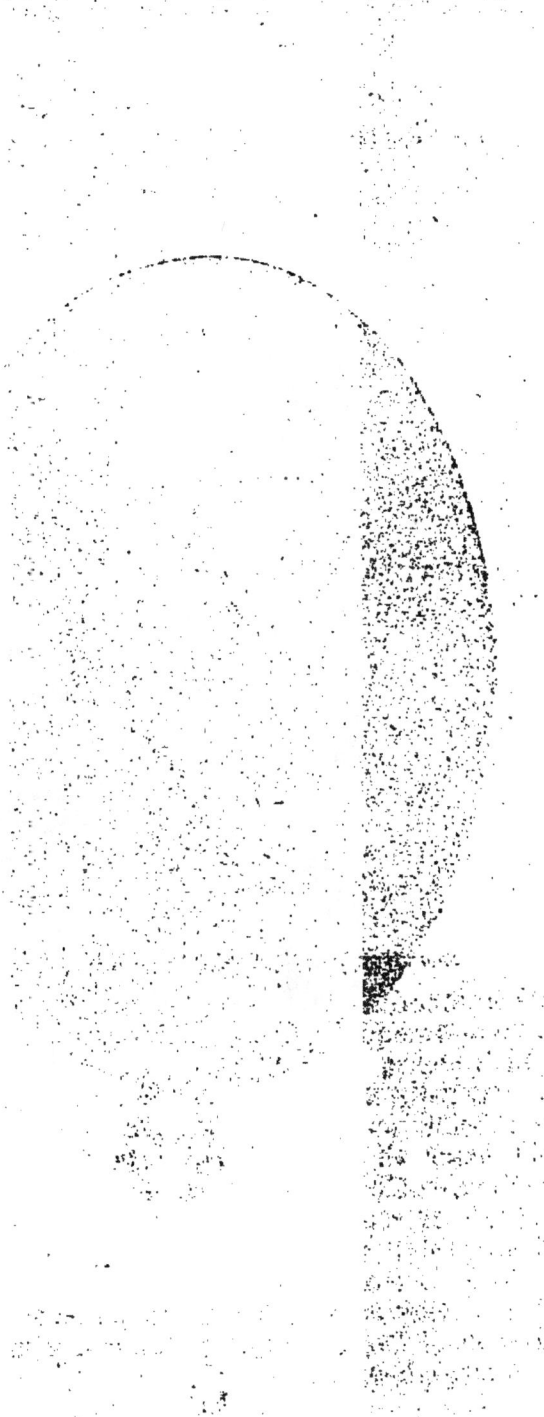

Antienne d'Adhémar de Monteil

ÉVÊQUE DU PUY.

Salve, Regina, Mater misericordiæ, vita, dulcedo et spes nostra, salve! Ad te clamamus, exules, filii Evæ; ad te suspiramus, gementes et flentes in hac lacrymarum valle. Eia ergo, advocata, nostra, illos tuos misericordes occulos ad nos converte. Et Jesum benedictum fructum ventris tui, nobis, post hoc exilium, ostende.

O clemens, o Pia,
O dulcis Virgo Maria!
℣. Ora pro nobis sancta Dei genitrix.
℟. Ut digni efficiamur promissionibus Christi.

Salut, ô Reine, Mère de miséricorde, notre vie, notre douceur et notre espérance, salut! Nous élevons nos cris vers vous, pauvres exilés que nous sommes et malheureux enfants d'Eve; nous soupirons vers vous, gémissant et pleurant dans cette vallée de larmes! Céleste avocate, tournez donc vers nous vos regards miséricordieux, et après l'exil de cette vie, montrez-nous enfin, Jésus, le fruit béni de votre sein!

O clémente, ô compatissante,
O douce Vierge Marie!
℣. Priez pour nous, sainte Mère de Dieu.
℟. Afin que nous devenions dignes des promesses de Jésus-Christ.

OREMUS

Omnipotens sempiterne Deus, qui gloriosæ Virginis Matris Mariæ corpus et animam, ut dignum filii tui habitaculum, effici mereretur, Spiritu sancto cooperante, præparasti : da ut cujus commemoratione lætamur, ejus pia intercessione, ab instantibus malis, et a morte perpetua liberemur. Per eumdem Christum Dominum nostrum.

ORAISON

Dieu tout puissant et éternel, qui, par la coopération du Saint-Esprit, avez préparé le corps et l'âme de la glorieuse Vierge Marie pour en faire une demeure digne de votre fils, accordez-nous d'être délivrés des maux présents et de la mort éternelle par l'intercession de Celle dont nous célébrons la mémoire avec joie, nous vous en supplions par le même Jésus-Christ Notre-Seigneur. Ainsi soit-il.

CHAPITRE PREMIER

Comment le Christianisme et le culte de Marie s'introduisirent dans le Velay.

QUARANTE-CINQ ans après l'incarnation de Notre-Seigneur Jésus-Christ, sous le règne de l'empereur Claude, saint Pierre, qui depuis deux ans avait transporté son siège d'Antioche à Rome, envoya plusieurs de ses disciples prêcher la foi dans les Gaules. Voici, tels que la tradition nous les a conservés, les noms et la destination de quelques-uns d'entre ceux qui vinrent alors évangéliser la France, et y furent nos Pères dans la foi : Saint Martial fut envoyé à Limoges, saint Denis à Paris, saint Julien au Mans, saint Sixte à Reims, saint Trophime à Arles, saint Savinien à Sens, saint Saturnin à Toulouse, saint Austremoine à Clermont, saint Front à Périgueux et saint Georges au Velay.

Saint Georges et saint Front partirent ensemble pour se rendre au lieu de leur mission. Mais au bout de trois jours de marche, comme ils approchaient de la ville de Bolsena, ville de Toscane, qui tirait son nom du lac sur les bords duquel elle était située (1), saint Georges fut saisi par une maladie soudaine qui le fit mourir presque subitement.

Désolé d'avoir ainsi perdu son frère et son compagnon de route, saint Front, après avoir rendu les derniers devoirs à saint Georges, revient en toute hâte sur ses pas, et va retrouver saint Pierre à qui il raconte en pleurant le triste début de son voyage :

« — Ne pleurez plus, mon fils, lui dit saint Pierre, il n'y a point de mal en tout cela : Dieu n'a permis ce trépas que pour sa gloire et pour la conversion d'un grand nombre d'âmes. Comme assurance de ce que je vous dis, prenez mon bâton pastoral, allez-le poser sur la tombe de votre compagnon, et dites : « Georges, serviteur du Dieu
« vivant, au nom de Jésus et de la part de Pierre,
« son vicaire en terre, je vous adjure de quitter
« présentement le tombeau où vous êtes, afin que
« votre âme, ayant rejoint son corps, vous puissiez
« achever le voyage que vous avez commencé. »
A ces simples paroles et au contact de ce bâton, Georges ressuscitera certainement, ajouta saint Pierre, et vous pourrez aller de compagnie illu-

---

(1) Le lac de Bolsena, près de la ville de ce nom, est à une centaine de kilomètres de Rome. Il mesure quinze kilomètres de long sur dix de large, et envoie, par la Marta, ses eaux dans la Méditerranée.

miner de la clarté de l'Evangile, maintes pauvres âmes, qui, parmi les Gaules, croupissent dans les ténèbres de l'idolâtrie. »

Tout joyeux de cette réponse, saint Front reçut le bâton de l'apôtre saint Pierre et revint en toute hâte, au lieu où le corps de saint Georges gisait inanimé. Une grande multitude d'infidèles des deux sexes s'était réunie là pour voir ce qui allait advenir. Alors, en présence de tous ces spectateurs, saint Front s'approche du tombeau, y dépose le bâton de l'apôtre, et, invoquant le nom de Jésus-Christ, commande au mort de ressusciter. Soudain, au contact du bâton apostolique, et à l'invocation du nom de Jésus-Christ, Georges, comme un autre Lazare, sort du tombeau plein de vie et de santé. Aussitôt la multitude pousse des cris de triomphe en l'honneur du Christ ; à la vue d'un tel miracle, un grand nombre d'infidèles se convertissent au Seigneur, et saint Front eut le bonheur d'administrer le baptême à plusieurs milliers d'idolâtres.

La moitié du bâton miraculeux de saint Pierre, dont il est ici question, se conservait encore au dix-septième siècle, dans l'église collégiale de Saint-Paulien, où le P. Odo de Gissey assure l'avoir vue et maniée souvent. Ce bâton paraît avoir été, dans cette église, l'objet de la vénération des fidèles jusqu'en 1793. Après le rétablissement du culte, il fut remis à M. le curé de Saint-Paulien, qui le donna ensuite aux Dames de l'Instruction du Puy, qui le possèdent encore aujourd'hui. Quant à l'autre moitié du bâton apostolique que possédait autrefois l'église de Périgueux, il paraît qu'elle est malheureusement perdue.

Cependant, après avoir instruit et évangélisé pendant quelque temps leurs nouveaux disciples, nos deux saints reprirent bientôt leur chemin vers les Gaules, traversèrent les Alpes et arrivèrent enfin à la capitale du Velay, qu'on appelait alors Ruessium et qu'on nomme aujourd'hui Saint-Paulien. Là, saint Front convertit d'abord une dame veuve qui habitait dans les environs de la ville et que l'on croît être la veuve d'un des premiers seigneurs de Polignac. Cette néophyte fut bientôt imitée par toute sa famille, et, de proche en proche, les conversions se multiplièrent à tel point, qu'au bout d'un an le pays comptait déjà plusieurs milliers de chrétiens. Mais, sur ces entrefaites, saint Front dut se séparer de saint Georges pour aller à Périgueux, qui était le lieu que saint Pierre lui avait spécialement assigné pour mission.

Saint Georges, resté seul au Velay, s'adonna avec le plus grand zèle à la conversion des idolâtres. Partout où il trouvait l'occasion de se faire entendre, dans les rues, sur les places publiques et jusque dans l'enceinte du prétoire où l'on rendait la justice, partout il prêchait courageusement la parole de Dieu. Et le Saint-Esprit donnait à sa parole une éloquence si persuasive, son accent de foi touchait et convainquait si bien les âmes, qu'en peu de temps il eut baptisé un grand nombre d'idolâtres.

Cela ne faisait pas l'affaire du démon qui, jusqu'alors, avait régné sans partage sur cette contrée. On vint dire au gouverneur de la ville qu'un étranger assemblait partout le peuple et lui prêchait une doctrine inconnue, qui ne tendait à rien moins qu'à combattre et à détruire la doctrine établie dans le pays. Le gouverneur, ayant voulu se rendre compte par lui-même de ce qu'on lui avait rapporté, fut si offensé de la liberté toute évangélique avec laquelle saint Georges prêchait la doctrine chrétienne, qu'il incita le peuple à lui faire un mauvais parti. Aussitôt la populace se rue contre le pauvre saint, les insultes et les coups de pierre pleuvent sur lui ; on s'empare de sa personne, on le renverse à terre, on le foule aux pieds et on l'eût cruellement mis à mort, si sa patience et sa douceur merveilleuses n'eussent fini par déconcerter et par apaiser la rage de tous ces forcenés. Vaincus par sa mansuétude et sa résignation, ils lui font grâce de la vie et lui rendent la liberté. Alors, Georges, s'armant du signe de la Croix, pénètre dans un temple païen dédié au Soleil et devant lequel avait eu lieu la scène que nous venons de raconter. La multitude l'y suit avec précipitation. Mais à peine le saint eût-il mis le pied dans le temple, que les démons invisibles, dont ce lieu était rempli, se mirent à pousser des cris et des hurlements épouvantables. Mais Georges, s'armant alors du signe de la Croix, commanda à tous les démons qui étaient là de quitter immédiatement les statues qu'ils occupaient. Aussitôt on vit se détacher, des statues qui ornaient le temple, d'horribles ombres noires qui jetaient des flammes par la bouche et par les yeux, et rugissaient comme des lions au grand épouvantement de tout le peuple qui se serait enfui, si le saint n'eut ordonné à tous ces méchants esprits de rentrer immédiatement dans les abîmes de l'enfer. On entendit alors un fracas épouvantable, pareil à celui d'une montagne qui s'écroule. C'était le bruit que tous ces monstres infernaux faisaient en disparaissant et en rentrant dans leurs demeures.

Terrifiés par tout ce qu'ils venaient de voir, en même temps que touchés par la grâce de Dieu, les prêtres des idoles et tous les païens qui étaient là se jetèrent aux pieds du saint, lui demandèrent pardon de tous les mauvais traitements qu'ils lui avaient fait subir, et lui protestèrent qu'ils voulaient renoncer à leurs erreurs et embrasser la foi chrétienne. Ce qu'ils firent, en effet. Saint Georges les catéchisa, leur administra le baptême, et après avoir purifié le temple d'où il venait de chasser les Démons, il le dédia au service du vrai Dieu, sous le nom et en l'honneur de l'auguste Reine du ciel. C'est ce temple qui fut connu depuis à Saint-Paulien sous le nom de Notre-Dame du haut Solier.

Telle fut l'introduction du culte de Marie dans les montagnes du Velay.

Un antique sanctoral de l'église angélique de Notre-Dame du Puy porte ces belles paroles : « A genoux ! peuple du Velay, honore Marie, la mère de Dieu, que Georges, ton premier pasteur, t'apprit à révérer ! »

Pour répondre à cette pieuse invitation, tombons à genoux, et remercions Jésus et Marie de la grâce qu'ils firent au Velay, il y a dix-huit siècles, par le ministère de saint Georges !

PRIÈRE A JÉSUS ET A MARIE.

O Jésus qui, entre toutes les nations de la terre, avez daigné choisir la France pour l'appeler, l'une des premières, à la connaissance et à l'amour de votre nom, gardez toujours à notre chère Patrie cette vieille foi catholique, grâce à laquelle elle fut si longtemps la première nation du monde. Ne permettez pas qu'elle devienne jamais infidèle à son glorieux titre de soldat de Dieu et de fille aînée de l'Eglise ! Qu'elle ne cesse point de justifier son antique devise : *vivat Christus, qui diligit Francos !* vive le Christ qui aime les Francs ! Et puis qu'entre toutes les autres provinces de France, la province du Velay a eu le bonheur et l'insigne honneur, ô Jésus ! de vous connaître et de vous aimer une des premières, faites aussi qu'elle vous garde toujours son cœur et sa foi ! Oui, que votre nom et celui de votre sainte Mère, soient à jamais bénis et honorés dans nos montagnes et par toute la terre, comme ils sont bénis et honorés dans le ciel !

Et vous, ô Marie, qui avez été également aimée et vénérée en France dès les temps apostoliques, n'abandonnez pas non plus notre chère Patrie. Malgré toutes ses fautes et toutes ses erreurs, nulle nation au monde vous aime et vous honore comme elle : voyez, nos villes et nos campagnes sont toutes parsemées de vos chapelles et de vos statues. Il n'est pas une seule de nos habitations où votre douce image ne préside et ne soit en honneur. Il n'est pas non plus une famille où votre nom béni ne soit pieusement invoqué ou dévotement porté... O Marie, non, la France n'a pas cessé de vous aimer ; elle vous aime encore, elle vous aimera toujours, et notre Patrie, malgré tout, ne cessera jamais d'être votre royaume, *Regnum Galiæ, regnum Mariæ !* Mais, entre toutes les contrées de notre chère France, il en est une, ô Marie, bien petite en étendue, mais infiniment riche en cœur, et qui surpasse toutes les autres en amour et en vénération pour vous. Cette contrée, c'est le Velay ! Bénissez cet humble petit coin de terre, ô Vierge immaculée ! Gardez-lui votre amour et votre protection ; et, dans l'avenir, comme dans le passé, pendant ce mois, comme pendant toute la vie, régnez toujours dans le cœur de ses habitants.

Regina Vellaviæ, ora pro nobis ! Reine du Velay. priez pour nous !

CHAPITRE DEUXIÈME

De l'amour de Dieu et de la sainte Vierge pour les montagnes, et du miracle par lequel le Mont-Anis fut désigné pour servir d'emplacement à l'Eglise de Notre-Dame du Puy.

BIEN que toute la terre appartienne au Seigneur qui l'a faite, et qu'il la remplisse toute entière de sa présence et de son immensité — *Domini est terra et plenitudo ejus* — il est cependant des lieux choisis qu'il aime et où il se manifeste de préférence aux autres. Ces lieux sont généralement des montagnes. La raison de ce choix est facile à comprendre : Dieu aime par-dessus tout la pureté ; or, on trouve comme un sentiment de pureté morale répandu sur ces hauteurs que le pied de l'homme souille rarement, au milieu de ces plantes qui ne fleurissent que pour embaumer la solitude. David avait vu de près les sommets du Liban quand il s'écriait : « Le Seigneur est admirable sur les lieux hauts ! *Mirabilis in altis Dominus.* » Il est certain, en effet, que la corruption du péché atteint moins les sommets solitaires des montagnes que le reste de la terre.

Sur la croupe des monts, la nature est vierge pour ainsi dire ; l'air y est plus pur, les fleurs plus simples et plus suaves ; je ne sais quoi de tranquille et de recueilli règne sur les hauteurs, et fait que l'on se sent plus près de Dieu, plus près du ciel... C'est pour cela que le psalmiste s'écrie : *Deus... in altis habitat,* Dieu habite de préférence les hauteurs — *Altitudines montium ipsius sunt.* Les sommets des montagnes sont plus particulièrement à lui, dit-il encore. Enfin, il en fait l'escabeau de ses pieds, ajouterons-nous, en empruntant le langage de la sainte Ecriture.

Aussi, voyons-nous dans l'ancien comme dans le nouveau Testament, Dieu se manifester toujours de préférence sur les montagnes : c'est sur les monts d'Arménie que s'arrêta l'arche après le déluge, *requievit arca super montes Armeniæ.* C'est sur une montagne que Noë offrit à Dieu le premier sacrifice d'action de grâces ; c'est sur la montagne de la vision qu'Abraham reçut l'ordre d'immoler son fils, auquel, par un second ordre divin, il substitua une autre victime, symbole du Christ qui devait s'immoler en ces lieux ; c'est sur le mont Sinaï que Dieu donna la loi à son peuple. C'est des hauteurs du mont Nebo que Moïse jette un regard sur cette terre promise dont l'entrée ne devait pas lui être accordée, et c'est là qu'il rend son dernier soupir ; c'est sur le

Carmel que priait le prophète Elie ; c'est sur le sommet des monts que Jérémie faisait entendre ses lugubres lamentations, c'est là aussi que la fille de Jephté allait pleurer sa mort imminente et prématurée. Enfin, c'est sur la cime du mont Moriah que s'élevait le temple fameux de Jérusalem ; c'est sur la colline de Sion qu'habitait le saint roi David ; et c'est sur le mont Garizim que se dressait le temple de Samarie.

De même, dans le nouveau Testament, c'est du haut d'une montagne que Notre-Seigneur Jésus-Christ prononça le sermon des Béatitudes, fondement de la perfection évangélique ; c'est sur le Thabor qu'il découvrit quelques rayons de sa gloire ; c'est sur le plus haut des monts de Galilée qu'il nomma ses apôtres ; c'est sur le mont des Oliviers qu'il avait coutume d'aller prier seul ; c'est sur la montagne de Sion qu'il institua l'adorable sacrement de l'Eucharistie ; enfin, c'est sur le Calvaire qu'il daigna se laisser crucifier pour nous racheter.

Cet attrait pour les montagnes, qui éclate si visiblement en Dieu le Père et en Notre-Seigneur Jésus-Christ, n'est pas moins prononcé chez la sainte Vierge. En effet, cette très pure et très blanche colombe se complait, elle aussi, dans le voisinage des rochers et des torrents ; elle aime les forêts suspendues au flanc des montagnes, les dentelures sévères qui découpent l'horizon, les teintes roses et les ombres bleues dont le soleil couchant colore les pics lointains recouverts de neige. Aussi, remarque-t-on que la plupart des sanctuaires établis en l'honneur de la mère de Dieu, se trouvent également sur des montagnes.

Pour ne parler que de la France, Notre-Dame de Lourdes, Notre-Dame de la Salette, Notre-Dame du Laus, Notre-Dame de Rocamadour, Notre-Dame de la Garde, Notre-Dame de Fourvières, sont toutes situées sur des hauteurs. Il ne pouvait en être autrement de Notre-Dame du Puy, le pèlerinage le plus ancien, le plus célèbre et le plus vénéré de la France entière. Aussi, c'est sur le Mont-Anis que la sainte Vierge a voulu être honorée dans le Velay, dès le premier siècle du christianisme. Voici ce que la légende nous rapporte à ce sujet :

Une pieuse veuve qui avait été baptisée par saint Front et qui habitait dans les environs de Ruessium, un lieu appelé Vila, près la rivière de Borne, souffrait depuis longtemps d'une fièvre qu'aucun remède ne pouvait guérir. N'obtenant pas de soulagement de la part des hommes, elle s'adressa à la sainte Vierge qui lui fit entendre ces paroles : « Levez-vous, ma fille, du lit où vous ne sauriez trouver la santé, et allez la chercher sur le Mont-Anis où elle vous sera rendue. » Docile à cette voix, la malade se fit aussitôt porter par ses domestiques au lieu indiqué. En y arrivant, elle remarqua une grande pierre noire et carrée en forme d'autel sur laquelle elle se reposa et s'endormit. Durant son sommeil elle vit une troupe d'anges entourant une Dame rayonnante de clartés, et vêtue d'habits royaux. Troublée d'abord à cette vue, mais bientôt rassurée, elle s'enhardit à demander qu'elle était cette reine : « C'est, répondit un des esprits célestes, l'auguste Mère du Sauveur, qui, entre tous les lieux du monde, s'est choisi spécialement cet endroit, pour y être servie et honorée jusqu'à la fin des siècles ; et afin que vous ne preniez pas ce que vous voyez pour un vain songe, sachez que la guérison que vous désirez vous est accordée. » A ces mots, la vision disparut au milieu d'une douce harmonie, et la malade se réveilla dans toute la vigueur de la santé.

Son premier soin, comme on le pense, fut d'aller trouver saint Georges pour lui faire part du miracle qui venait d'avoir lieu. A cette nouvelle, le saint Evêque accourt sur le Mont-Anis ; mais quel n'est pas son étonnement de voir le sommet de ce mont, qui formait un petit plateau, entièrement couvert de neige, quoiqu'on fût alors au 11 juillet, et qu'il fit extrêmement chaud. Ce n'est pas tout : sous les yeux du saint émerveillé, voici qu'un cerf s'élance tout à coup dans la neige, et trace ainsi, dans sa course rapide, l'enceinte d'une église, dont Georges, inspiré d'en haut, prédit dès lors la gloire future. Mais trop dénué de ressources ou trop occupé alors pour élever l'édifice sacré, il se contente d'entourer l'enceinte d'une haie d'aubépine. Le lendemain la neige avait disparu, et, autre miracle peu connu, l'aubépine en fleur s'épanouissait sur la montagne comme une couronne virginale.

Le bruit de ces prodiges parvint bientôt jusqu'aux oreilles de saint Martial, qui évangélisait les pays voisins. L'apôtre de l'Aquitaine voulut à son tour visiter la montagne bénie. Il désigna la place de l'autel, et, en souvenir de son pèlerinage, il laissa, comme relique, un soulier de la sainte Vierge, qui se voit encore aujourd'hui dans le trésor de la Cathédrale. Les deux apôtres ne tardèrent pas à se séparer. Saint Georges, adonné tout entier au salut des âmes, étendit dans tout le Velay les conquêtes de la Foi, et le nombre des chrétiens dans notre pays s'éleva bientôt à plus de quinze mille. Epuisé de fatigues et accablé par l'âge, le saint Evêque vint enfin mourir à Ruessium, l'an 84 de Notre-Seigneur Jésus-Christ.

C'en était fait : le pèlerinage du Mont-Anis était désormais fondé !

CHAPITRE DEUXIÈME

PRIÈRE.

Notre-Dame du Puy, priez pour nous.

O Marie, que de belles choses nos chroniques racontent de vous !

Gloriosa dicta sunt de te, o Maria ! Ah ! nous comprenons la dévotion et la piété de nos pères envers vous ! nous voulons désormais vous aimer et vous vénérer comme eux ! Oui, comme eux, nous lèverons souvent nos regards du côté de votre montagne sainte pour implorer votre secours et demander votre protection : *levavi occulos meos ad montes, unde veniet auxilium mihi !* Le lieu où vous avez daigné apparaître est une terre sainte : *terra sancta est !* Le sanctuaire que l'on vous y a élevé est véritablement la maison de Dieu et la porte du ciel : *hic est Domus Dei et porta cœli !* Nous désirerions pouvoir y faire notre demeure habituelle. Mais, ne pouvant en gravir les degrés aussi souvent que nous le voudrions, nous y viendrons du moins bien souvent épancher, en esprit, notre prière et notre cœur aux pieds de votre autel ! Puissions-nous en retour, ô Marie, voir s'ouvrir un jour devant nous ce beau Paradis, dont vous êtes la porte mystérieuse ! *janua cœli, ora pro nobis !* Porte du ciel priez pour nous ! Ainsi soit-il !

Salve Regina !

CHAPITRE TROISIÈME

*Ce qu'il y avait au Mont-Anis
avant que la sainte Vierge y apparût.*

ENTRONS un instant dans le domaine des découvertes historiques et scientifiques qui sont venues apporter une gloire et un intérêt de plus aux origines de notre célèbre pèlerinage.

Qu'y avait-il sur le Mont-Anis avant que la sainte Vierge y apparût ?

Sur le sommet du Mont-Anis, au point même où fut érigé l'autel de la sainte Vierge, se trouvait un dolmen ou grande pierre plate phonolitique. C'était un bloc brut, immense, noir et dur comme du fer, et dont la nature géologique paraissait être complètement étrangère aux roches du pays. Cette pierre, dont il reste encore aujourd'hui un énorme débris encastré au haut du pavé de l'escalier extérieur de la Cathédrale, cette pierre était l'autel sacré sur lequel les Druides du Velay accomplissaient les principales cérémonies de leur culte national. Cette destination religieuse primitive explique très bien la vénération immémoriale que les habitants de notre pays attachaient à cette pierre à l'époque où la sainte Vierge y apparut. Le Mont-Anis, avec la solitude et le silence que lui faisaient les forêts dont il était environné, se prêtait admirablement, en effet, aux mystères des Druides ; et ceux-ci, en établissant leur culte dans un site aussi favorable, consacrèrent ainsi d'avance le lieu que Marie devait plus tard choisir pour son sanctuaire; car les Druides honoraient, sans la connaître, la Vierge qui devait enfanter. *Virgini pariturœ!* Et l'Eglise s'est toujours plu à élever ses autels à la place de quelque autel païen, autant pour perpétuer que pour réparer le sacrifice.

Au dolmen druidique du Mont-Anis succéda, lors de la conquête romaine, un temple gallo-romain. Il existe à l'appui de cette assertion, des témoignages lapidaires tels que le doute ici n'est plus possible.

Toutefois, en substituant leur culte à celui des Druides, les Romains se gardèrent bien de froisser le sentiment religieux de nos pères, et, tout en élevant un temple sur le Mont-Anis, ils eurent bien soin de respecter la grande pierre du dolmen qui s'y trouvait alors et qui s'y trouve encore aujourd'hui à peu de distance de son emplacement primitif. Car elle est toujours là, la grande table de l'autel druidique : Respectée par les Romains elle l'a été également par les chrétiens, pour qui elle est devenue la pierre sacrée, la pierre aux guérisons et aux miracles. Seulement, ce vieux dolmen qui a toute une histoire, a subi certaines vicissitudes qu'il importe de faire connaître ici :

Primitivement, la pierre druidique se trouvait placée au pied du maître-autel. Elle y resta longtemps ; mais on finit par l'éloigner, parce que les nombreux malades qui venaient s'y coucher pour être guéris, troublaient le service religieux. On la transporta alors du côté de l'Evêché, derrière le Jubé, aujourd'hui disparu, qui coupait l'intérieur de la Cathédrale en deux. C'est là que la foudre la brisa un jour en quatre morceaux formant une croix. Ce coup de foudre eut quelque chose de mystérieux et de surnaturel qui frappa alors tous les esprits d'une religieuse terreur.

L'historien Vincent de Beauvais raconte, à ce sujet, qu'un archevêque de Lyon, dont il ne nous a pas conservé le nom, se trouvait au Puy lorsque le tonnerre tomba sur la Cathédrale et brisa la pierre druidique. Il ajoute que cet archevêque, racontant ensuite ce fait à un religieux dominicain, lui disait : « Cet effroyable coup de tonnerre produisit un si horrible fracas que toute la ville en demeura plusieurs jours dans l'effroi... J'en étais moi-même tout terrifié, et je me demande encore comment il peut se faire qu'un lieu si renommé par les faveurs du ciel, et que les Sarrasins eux-mêmes ont honoré de leurs présents, ne soit pas exempt d'un fléau qui paraît être plutôt l'instrument de la colère divine, que l'effet des causes naturelles. »

Le religieux répondit à l'archevêque qu'il avait appris, par expérience, que ces chutes du tonnerrre, sur les églises, étaient souvent un châtiment de Dieu qui voulait purifier ainsi, par le feu, les péchés commis dans ses sanctuaires. Or, la suite justifia bien cette opinion du religieux dominicain ; car quelque temps après, le même archevêque de Lyon, ayant fait un second voyage à Notre-Dame du Puy, engagea l'évêque, qui gouvernait alors cette église, à venir avec lui visiter, au monastère de la Séauve-Bénite, une religieuse célèbre par sa sainteté, que la sainte Vierge avait guérie d'un mal incurable, et qui avait coutume de tomber, tous les samedis, dans de longues extases où Dieu se plaisait à lui dévoiler les mystères les plus cachés. Cette religieuse cistercienne, nommée Marguerite de la Séauve, dont la canonisation est en ce moment pendante en cour de Rome, interrogée par l'archevêque sur la cause de cette épouvantable chute de tonnerre, dont il avait été témoin au Puy, déclara que cet événement était la punition d'un grand péché commis par deux pèlerins dans le sanctuaire de Notre-Dame ; ce que l'évêque du Puy confirma aussitôt, en assurant que le fait en question lui avait été dévoilé par l'aveu même des coupables. Grand exemple qui montre bien quels sentiments et quelle pureté la sainte Vierge exige de tous ceux qui pénètrent dans son temple.

Après que la pierre druidique eût été ainsi brisée et purifiée par le feu du ciel, les malades continuèrent à venir s'y coucher comme par le passé, surtout dans la nuit du vendredi au samedi.

Depuis les dernières restaurations de la Cathédrale, la miraculeuse pierre sert de marchepied à l'autel de Marie qui se trouve sous le milieu de la Cathédrale, sur le palier qui fait suite à la cent deuxième marche du grand escalier. Cette pierre, malgré ses dimensions énormes, n'est cependant que le quart de l'ancien dolmen druidique. Les trois autres parties disparurent lors des divers remaniements que subit la basilique vers la fin du siècle dernier, sous l'épiscopat de Mgr de Galard. Tel quel, cependant, le fragment qui nous reste n'en est pas moins digne de respect et de vénération. Autrefois, et naguère encore, le pèlerin qui gravissait les degrés de la sainte Basilique, ne manquait jamais de s'agenouiller pieusement sur ce dolmen et même de le baiser dévotement. Cet hommage se comprend, et nous regrettons que l'usage s'en soit perdu ; car, pareil au grand peulvan gaulois, surmonté d'une croix, que l'on trouve enchâssé sur le devant du portail de la Cathédrale du Mans, notre vieux dolmen, christianisé et sanctifié par l'apparition de la sainte Vierge au Mont-Anis, est devenu le témoignage irrécusable et impérissable de la victoire remportée par le Christianisme sur l'idolâtrie en Velay.

Cette victoire ne devint, chez nous, définitive qu'au quatrième siècle, entre 350 et 380. A cette époque, le déclin des institutions romaines, l'envahissement de nos contrées par les bandes allemaniques, sous la conduite de Crocus, et, par suite, la ruine de Ruessium, déterminèrent les autorités vellaves à venir se réfugier sur le Mont-Anis, dont la défense était très facile à assurer. C'est alors que saint Vosy transféra le siège de l'évêché des Vellaves de Saint-Paulien au Puy. Alors aussi le Christianisme triomphant détruisit le temple païen du Mont-Anis. La plupart des débris, provenant de cette destruction, sont restés enfouis dans le sol d'où l'on en a exhumé beaucoup. D'autres, en assez grand nombre, ont été employés aux fondations et aux constructions de la Basilique de Notre-Dame.

Les traditions religieuses locales nous ont conservé un souvenir bien précieux au sujet du renversement, par le Christianisme, du temple païen du Mont-Anis. Il y avait autrefois, dans notre ville, près de l'antique église de Saint-Vosy, proche le Grand-Séminaire actuel, une grande croix dont le piédestal, extrêmement remarquable et tout recouvert de figures d'animaux, remontait à une très haute antiquité. Or, chaque année, au jour de la Dédicace de Notre-Dame, le clergé de la Cathédrale se rendait solennellement en procession à cet endroit, pour célébrer la victoire de la religion chrétienne sur le paganisme. Arrivé devant la croix, un petit enfant de chœur montait sur le piédestal et sonnait trois fois d'un cor de chasse en terre cuite, par allusion aux prêtres des faux dieux qui, du haut du rocher de Corneille, sonnaient du cor pour convoquer à leurs sacrifices, nos ancêtres idolâtres. Cela fait, l'enfant de chœur brisait et jetait à terre son instrument pour marquer que le paganisme était entièrement détruit.

Mentionnons encore, en finissant, un dernier souvenir qui a trait au sujet qui nous occupe. Quelques années avant la grande Révolution, Mgr de Galard, qui avait recueilli au Puy une grande quantité d'inscriptions et de bas-reliefs antiques, provenant des murs de la vieille église de Saint-Vosy qui avait été construite en grande partie avec des débris de monuments romains, les fit transporter dans le parc du château épiscopal de Monistrol, où il en forma une sorte de petit temple sur le fronton duquel il avait fait mettre ces vers :

« Cessez, folles erreurs! idoles, temple, autel,
« Que tout croule et s'abîme aux pieds de l'éternel!

Il ne reste plus de trace aujourd'hui de ce précieux édicule. La Révolution détruisit tout : le petit temple, les pierres antiques et la pieuse inscription. Mais ce fait, rapproché des autres que nous venons de rapporter, prouve bien qu'il y avait un temple païen sur le Mont-Anis, avant que la sainte Vierge y apparût.

PRIÈRE

Notre-Dame du Puy, priez pour nous.

O Marie! ce n'est pas une de vos moindres gloires que celle d'avoir triomphé du paganisme dans nos contrées. Mais, hélas! ce paganisme renversé, il y a dix-huit cents ans, par votre culte et celui de votre divin Fils, tend à reparaître aujourd'hui plus coupable, plus vivace et plus puissant que jamais!

Paganisme dans les mœurs! paganisme dans l'instruction et dans l'éducation! paganisme dans la loi civile! paganisme dans la famille et dans la société, c'est une résurrection complète de l'ancien monde païen, où le mal régnait en maître, et où le bien n'était plus qu'un vain mot! O Marie, prenez en pitié ceux qui détruisent en France l'œuvre dix-huit fois séculaire de votre divin Fils. Il avait converti la

France par ses apôtres, et vous l'avait ensuite donnée en héritage et en royaume : convertissez-là à votre tour, et rendez-la lui repentante et plus chrétienne que jamais !

A ceux qui renient Jésus-Christ et qui vous renient avec lui, ô Marie, obtenez la même grâce qu'à saint Pierre le renieur, dont Dieu fit le chef de son Eglise.

Aux furieux qui blasphèment et persécutent la religion, procurez, ô Marie, la même grâce de conversion qu'à Saul, dont la miséricorde divine daigna faire le grand saint Paul.

Des libertins et des adultères, faites comme Jésus d'autres Madeleines et d'autres Augustins, d'autres Thaïs et d'autres Marie l'Egyptienne. Que les très pures ardeurs de l'amour de Dieu remplacent dans tous les cœurs corrompus, les flammes de l'impudicité.

De tous ceux enfin, si nombreux aujourd'hui, que perd la fièvre de l'or et l'amour de l'argent, faites des hôtes et des amis de Jésus, comme il fit du publicain Mathieu et du publicain Zachée.

En un mot, ô Marie, convertissez notre patrie et rendez-là de nouveau le soldat et l'apôtre de Jésus-Christ.

Notre-Dame du Puy, priez pour nous. Ainsi soit-il.

Salve Regina !

CHAPITRE QUATRIÈME

De la construction de la basilique de Notre-Dame du Puy.

APRÈS la mort de saint Georges, l'évêché de Ruessium fut occupé, jusque vers l'année 350, par une suite de saints évêques dont les noms malheureusement ne sont pas tous parvenus jusqu'à nous : nos vieilles chroniques nomment entre autres saint Macaire, saint Marcellin, Rorice, Eusèbe et saint Paulien. Celui-ci fut le dernier qui résida à Saint-Paulien. En mourant il laissa son nom à la vieille métropole, qui n'est plus connue aujourd'hui que sous le nom du saint Evêque, qui l'illustra par sa vie et ses miracles. Malgré le zèle et la piété des différents successeurs de saint Georges, aucun d'eux n'avait pu élever, sur le Mont-Anis, le sanctuaire dont la sainte Vierge avait si miraculeusement désigné l'emplacement. Cette gloire était réservée à saint Vosy, successeur immédiat de saint Paulien et premier évêque du Puy. Saint Vosy était un homme d'une grande vertu et d'une fortune considérable. Aussi, à peine fut-il élevé à l'épiscopat, qu'il se préoccupa du soin de construire l'édifice que la pauvreté de ses prédécesseurs ne leur avait pas permis d'élever. Cependant, comme il hésitait encore devant une pareille entreprise, un nouveau miracle de la sainte Vierge, au Mont-Anis, vint mettre fin à toutes ses hésitations.

Une dame, originaire de Ceyssac, près le Puy, était attaquée d'une paralysie qui l'empêchait de faire aucun mouvement et d'une fièvre qui lui brûlait les entrailles. Son unique soulagement était la dévotion envers la très sainte Vierge-Marie, qu'elle ne cessait d'invoquer avec une entière confiance. Un jour, pendant qu'elle dormait, la sainte Vierge, lui apparut, et lui montrant sur la montagne d'Anis, l'enceinte que Georges avait marquée jadis par une haie, lui ordonna, si elle voulait guérir, de s'y faire immédiatement transporter. A son réveil, la malade n'eut rien de plus pressé que d'obéir. Elle se fit donc déposer sur la grande dalle noire qui était au sommet du mont, et qui déjà, sous saint Georges, avait été l'instrument d'une première guérison. Cette pierre, nous l'avons dit hier, présente aux yeux de l'antiquaire tous les caractères d'un véritable dolmen. Quelques savants ont été jusqu'à penser que ce pouvait être la table d'un autel élevé là jadis, par les païens au Dieu Adidon, génie tutélaire du lieu. Cela n'aurait rien d'étonnant après tout, la sainte Vierge s'étant plu bien souvent à se voir honorée dans les lieux d'où son nom et celui de son divin Fils avaient chassé les fausses divinités. C'est ainsi que la grotte de Lourdes, où Marie est apparue à Bernadette, renferme un menhir ou pierre-levée de granit, qui servait autrefois d'autel aux Druides. Quoiqu'il en soit, c'est sur cette pierre miraculeuse que se fit porter la dame malade de Ceyssac. A peine l'y eût-on déposée, qu'elle s'endormit d'un sommeil mystérieux et qui avait quelque chose d'extatique. Vers le milieu de la nuit, elle se sentit tout à coup éveillée par une harmonie céleste. Une force miraculeuse l'entraîne devant l'humble autel qu'autrefois saint Martial avait érigé en ce lieu, en mémoire de la première apparition que la sainte Vierge y avait faite. En ce moment, une vive clarté illuminait toute la montagne. Notre-Dame, entourée d'une légion d'anges et d'un essaim de vierges, resplendissait sur l'autel d'un éclat merveilleux. « Ma fille, dit-elle à la malade, vos prières et vos pleurs sont montés jusqu'au trône de Dieu. C'en est fait, vous êtes guérie ! Allez maintenant trouver mon serviteur Vosy ; dites-lui, de ma part, qu'il ne manque pas de jeter ici au plus tôt les fondements du sanctuaire que n'ont pu m'y élever ses prédécesseurs. C'est ici que, suivant la prédiction qu'en a faite le bienheureux Georges, j'accorderai aux supplications de la piété le soulagement des malades et la consolation des affligés. J'ai choisi cette montagne entre mille pour donner une audience favorable à ceux qui viendront m'y présenter leurs demandes et leurs requêtes. » Ainsi parla la sainte Vierge ; et la malade, subitement rendue à la santé, s'empressa d'aller trouver Vosy.

Informé de cet événement, le saint prélat, pour éviter toute illusion, commença par consacrer, avec tout son peuple, trois jours entiers à la pénitence et à la prière. Dieu, touché de sa bonne volonté, lui envoya un ange pour confirmer ce que la dame de Ceyssac avait vu. Alors Vosy chanta un cantique d'action de grâces, et s'en alla processionnellement au Mont-Anis, suivi de son clergé et de son peuple. Là, un nouveau prodige l'attendait : l'enceinte, fermée jadis par une haie vive, était couverte, comme au jour de la première apparition, d'une neige épaisse, tandis qu'on en apercevait à peine quelques flocons à la cime des montagnes les plus élevées. A cette vue, saisi d'un saint transport, l'Evêque se précipite la face contre terre, en s'écriant comme Jacob : *Terribilis est locus iste! non est hic aliud nisi Domus Dei et porta cœli!* Que ce lieu est terrible! ce n'est rien moins que la maison de Dieu et la porte du ciel! » Puis, inspiré par l'Esprit-Saint, il annonce que ce serait là bientôt le trône de la divine miséricorde, et que de toutes parts on viendrait à ce pèlerinage pour offrir des vœux et recueillir des bénédictions. Il prend même, dès lors, la résolution d'y transporter son siège épiscopal. Mais, pour que cette translation pût être consommée légitimement et pour qu'elle fût acceptée sans contestation par la ville de Saint-Paulien qui allait se voir ainsi dépossédée de son titre d'évêché, il fallait le consentement et la sanction du Souverain-Pontife. Dans ce dessein, Vosy vole à Rome, et non seulement le Pape consentit avec joie à ce que le siège de l'évêché du Velay fut transféré de Saint-Paulien au Puy, mais il adjoignit encore au saint Evêque, pour rendre son œuvre plus digne du ciel et de la terre, un patricien romain nommé Scutaire, qui était un vertueux personnage et un très habile architecte. Vosy reçut avec reconnaissance celui que lui associait le saint-Père et se hâta de revenir dans le Velay.

Fort, désormais, de l'approbation du Souverain-Pontife et de la coopération de l'éminent collaborateur qui lui avait été donné dans la personne de Scutaire, Vosy, à peine revenu de Rome, entreprit généreusement la construction de la cathédrale du Puy. Pour cela, il établit des ateliers sur le Mont-Anis, et y fixa sa demeure, afin de surveiller et de presser les travaux. On se mit donc à l'œuvre ; les cœurs étaient gagnés ; chacun s'associe à l'entreprise ; les riches y contribuent de leur argent, les pauvres et les artisans de leur travail et de leurs sueurs. Marie elle-même, racontent les anciennes légendes, Marie vint souvent encourager, par sa présence, l'ardeur générale. Quelques années suffirent pour consommer cette noble entreprise. Il est vrai que le sanctuaire, tel qu'il se montrait alors aux regards, était loin d'avoir l'étendue qu'il a aujourd'hui ; il ne comprenait que l'abside et la première coupole, c'est-à-dire ce qu'on appelle la chambre angélique. Le reste de la nef et les deux bas-côtés ont été ajoutés beaucoup plus tard, dans les dixième et onzième siècles. Or, à mesure que l'on construisait le sanctuaire, les habitations se groupaient autour de lui et formaient peu à peu sur les pentes escarpées du Mont-Anis, les prémices de la ville du Puy. Ville illustre entre toutes, dit un vieux chroniqueur, et qui, déployant ses ailes comme l'aigle des montagnes qu'elle porte en écusson, devait bientôt, par de rapides accroissements, devenir, après Toulouse, la première **ville du Languedoc.**

PRIÈRE

O Marie, que votre sanctuaire est vénérable ! et avec quel respect nous devons l'aborder ! C'est ici le lieu de miracle ! et ce temple est né des prodiges et de l'amour de Marie. C'est Marie qui en a tracé elle-même l'enceinte ! C'est elle qui après avoir été l'inspiratrice de ce pèlerinage, a voulu être pour ainsi dire l'architecte de ce monument sacré, par ses communications aux saints premiers évêques du Puy.

Ausssi nulle église peut-être n'inspire aux âmes qui y pénètrent un saisissement religieux aussi grand, une plus profonde vénération ; il semble que votre voix, ô Marie, s'y fasse encore entendre, et qu'elle y dise ce que Dieu lui-même disait du temple de Salomon : « Mes yeux seront ouverts et mes oreilles atten-
« tives à la voix de celui qui me priera dans ce sanc-
« tuaire, j'ai choisi ce lieu pour y tenir toujours ou-
« verts mes yeux et mon cœur sur ceux qui viendront
« y prier. C'est là que j'exaucerai du haut du ciel les
« prières qui me seront adressées, c'est là que je par-
« donnerai les péchés et que je guérirai la société
« malade (1). » O Marie, combien nous aimons votre église du Mont-Anis ! Elle est pour nous le vestibule du Paradis, le lieu de rendez-vous de notre Mère du ciel à ses enfants de la terre ! Oh ! que ne pouvons-nous y faire notre demeure ! Mais, ô Marie, ne pouvant venir corporellement dans votre sanctuaire aussi souvent que nous le voudrions, nous voulons au moins y venir tous les jours spirituellement, à l'exemple de la Vénérable Mère Agnès qui, du fond de son

---

(1) Office de la Dédicace.

monastère de Langeac, faisait chaque jour en esprit le pèlerinage de Notre-Dame du Puy. Nous voulons surtout y venir assidûment pendant ce beau mois qui vous est consacré. O Marie, accueillez nos prières, **exaucez-les,** et sauvez-nous ! Ainsi soit-il.

CHAPITRE CINQUIÈME

Comment la Basilique de Notre-Dame du Puy fut consacrée par les anges.

LE miracle est le point d'origine de tous les grands pèlerinages, on le trouve à la base de tous les sanctuaires célèbres de la chrétienté, mais il surabonde dans les origines du sanctuaire du Mont-Anis ; et, à mesure que se déroule le récit qu'en font nos vieilles chroniques vellaviennes, on constate que dans l'histoire de Notre-Dame du Puy tout tient du prodige, tout y est vraiment miraculeux.

Voici comment les vieux chroniqueurs de notre sanctuaire racontent sa merveilleuse consécration par les Anges.

Le sanctuaire était terminé, et il ne restait plus qu'à procéder à sa consécration. Mais aucune église alors, ne pouvant être consacrée sans permission particulière du Saint-Siège, Vosy et Scutaire se mirent en route pour aller à Rome. Seulement, à peine avaient-ils fait une heure de chemin, qu'ils rencontrèrent sur le bord de la Loire, près d'un lieu appelé Corsac, et à l'endroit même où se trouve aujourd'hui le Petit-Séminaire de la

Chartreuse, deux vénérables vieillards marchant solennellement, et portant entre leurs mains deux petits coffres étincelants d'or. Saisis d'étonnement à la vue de ces augustes et mystérieux personnages, Vosy et son compagnon les abordent respectueusement, et leur demandent qui ils sont, d'où ils viennent et où ils vont ainsi parmi ces montagnes et ces forêts. « Fidèles serviteurs de la Mère de Dieu, répond d'une voix grave un de ces vénérables pèlerins, ne poussez pas plus loin votre voyage ; nous sommes envoyés de Rome pour vous remettre ces reliques que vous reconnaîtrez à leurs inscriptions ; retournez les porter, pieds nus, à l'église du Mont-Anis, où nous allons vous précéder. Quant à la consécration, n'en soyez plus en peine, la main des hommes ne doit point sacrer le sanctuaire que vous avez élevé à la Reine du ciel. C'est aux Anges qu'est réservé aujourd'hui cet honnneur. Telle est la volonté de Dieu. Et, afin que vous ne doutiez pas de mes paroles, sachez qu'au moment où vous vous présenterez devant l'église, les portes s'ouvriront, les cloches sonneront d'elles-mêmes, tout l'intérieur du temple sera resplendissant de flambeaux allumés et de cierges ardents ; vous entendrez une harmonie céleste, et vous sentirez le doux parfum de l'huile sainte qui aura servi à la consécration faite par les Anges.

A ces mots, saint Vosy et saint Scutaire ôtent leur chaussure. Ils se prosternent à genoux pour recevoir les précieuses reliques qui leur sont confiées ; mais les mystérieux vieillards ne les ont pas plutôt déposées entre leurs mains, qu'ils disparaissent subitement, prouvant ainsi qu'ils étaient des Anges et non des hommes.

Cependant le peuple, averti de tout ce qui se passait, accourt en toute hâte. Une procession s'organise ; on gravit en chantant les degrés de la sainte Montagne. Ce ne sont partout que des hymnes de joie et des cantiques d'allégresse. Puis, ô miracle ! à l'approche du temple sacré, les cloches commencent à sonner sans être agitées par des mains humaines, les portes de la basilique s'ouvrent d'elles-mêmes, et l'on aperçoit le sanctuaire resplendissant de la clarté des milliers de cierges qui brûlent, tandis que le céleste parfum de l'huile sainte, dont les murs ont été oints et l'autel arrosé par les Anges, embaume l'église tout entière de son odeur suave.

A ce spectacle, Vosy entonne un cantique d'action de grâces que les assistants poursuivent au milieu des transports de la plus vive allégresse. Les prières finies, on recueillit les flambeaux que l'on conserva religieusement. Deux sont parvenus jusqu'à nous, à travers les bouleversements de la grande Révolution française. On les garde précieusement dans le trésor de la cathédrale, où nous les avons vus et où ils exhalent encore un délicieux parfum. Ces flambeaux présentent tous les caractères d'une très haute antiquité. Ce sont des torches où la flamme avait des foyers multiples. La mèche est faite de moëlle de roseau, et l'enveloppe est en toile au lieu de papyrus, comme dans les flambeaux de Saturne, dont on trouve la description dans un passage de l'anthologie grecque.

Dans ce siècle de doute et d'incrédulité, on nous reprochera peut-être d'avoir eu la simplicité de raconter cette légende et d'y avoir ajouté foi. Mais nous nous honorons de notre simplicité, et, sans vouloir donner pour article de foi ce qui est bien loin d'en être un, nous estimons cependant notre croyance assez sérieusement fondée pour braver les railleries et triompher des objections. Comment, en effet, ne pas croire à ce récit, quand la basilique du Mont-Anis porte encore le nom de chambre angélique en souvenir de sa consécration miraculeuse. Comment refuser d'y croire, quand à la suite de cette cérémonie furent recueillis par la piété du peuple plus de trois cents cierges dont plusieurs existent encore aujourd'hui. Comment être incrédule enfin quand on voit ce grand événement célébré pendant tant de siècles, dans le pays qui en fut témoin, par un office et une procession solennelle où l'on accourait de toutes les parties de la France et jusques des pays étrangers. Au reste, la consécration de l'église du Puy par les Anges n'est pas un fait unique dans l'histoire. D'autres lieux de pèlerinage réclament aussi cet honneur. Les Souverains-Pontifes ont reconnu, en particulier, dans des Bulles formelles et authentiques, que la fameuse basilique de Notre-Dame des Ermites à Ensidlein (Suisse) avait été réellement consacrée par les mains de Notre-Seigneur Jésus-Christ lui-même, avec l'assistance de saint Pierre et du premier des martyrs saint Etienne.

Dès lors pourquoi ce qui s'est passé dans un endroit, aurait-il été impossible en l'autre ? Et quelle répugnance voit-on à ce que Notre-Seigneur Jésus-Christ ait opéré au Puy, par ses Anges, ce qu'il a daigné accomplir lui-même à Ensidlein. Le docteur saint Thomas, qui était un grand saint et un grand génie, n'y voyait pas tant de difficultés et d'impossibilités. Voici ce qu'il dit au sujet de cette question :

« Il faut savoir que de même que Dieu n'a pas tellement attaché sa vertu aux sacrements, qu'il ne puisse sans eux conférer leur effet, de même il n'a pas tellement attaché sa vertu aux ministres de l'Eglise qu'il ne puisse également la communiquer aux anges. Et, parce que les anges sont les messagers de la vérité, s'il arrivait que quelque fonction sacramentelle fut exercée par eux, il faudrait en reconnaître la vérité, comme cela a eu lieu, du reste, dans quelques temples que l'on dit avoir été consacrés par les Anges. »

On croit que saint Thomas faisait ici allusion à la consécration miraculeuse du sanctuaire du Mont Anis.

Certes, après un pareil témoignage et les différentes considérations dont nous l'avons fait précéder, on peut bien, croyons-nous, sans témérité aucune et sans faiblesse d'esprit, ajouter foi à ce que nos légendes racontent sur la consécration de l'Eglise angélique.

Ce n'est, après tout, qu'un fait historique parfaitement possible, puisque les Papes affirment qu'il s'est réellement produit ailleurs. Or, sur les faits historiques, la croyance est parfaitement libre, nous le savons ; mais nous trouvons (et bien des âmes seront de notre avis), nous trouvons une grande consolation et une légitime fierté à n'être pas moins crédules sur ce point que nos aïeux et que l'illustre saint Thomas d'Aquin.

PRIÈRE

Notre-Dame du Puy, priez pour nous !
Parmi toutes les vertus qui brillent en vous, ô Ma-

rie il en est une qui vous est particulièrement chère et que vous désirez surtout voir briller dans nos cœurs : c'est la pureté. C'est par elle principalement que vous aimez et que vous tenez à être honorée par vos enfants. C'est cette vertu que nous prêche éloquemment la consécration, par les anges, de votre sanctuaire du mont Anis. En effet, ô Marie, si vous avez voulu que le temple où vous deviez être spécialement honorée, fut ainsi purifié par les Anges pour être plus digne de vous, à combien plus forte raison désirez-vous que le cœur et l'âme de ceux qui vous invoquent soient purs pour être dignes de vos bienfaits ? — O Marie, vous nous rappelez par là que nous devons être nous aussi les temples de Dieu consacrés à son amour et à son service en même temps qu'au service et à l'amour de sa sainte Mère. Nous devons donc respecter notre corps et notre âme comme un sanctuaire dans lequel nous devons vivre dans l'intimité de Jésus et de Marie par la pratique de l'aimable et angélique vertu.

Reine des cieux qui, par amour de la pureté, avez voulu que votre sanctuaire du Mont-Anis fut consacré par la main des Anges, donnez-nous d'aimer et de pratiquer de tout notre cœur cette aimable et angélique vertu. Et de même qu'au jour de leur consécration, l'autel et les murailles de votre Eglise exhalaient une odeur délicieuse, accordez-nous de répandre, nous aussi, la bonne odeur de la pureté. Comme une fleur odorante et suave, faites-la fleurir sans cesse entre notre âme et notre corps, afin que notre être tout entier soit embaumé de son céleste parfum. *Regina Angelorum, ora pro nobis.* Reine des Anges priez pour nous!

Salve Regina!

CHAPITRE SIXIÈME

Notre-Dame du Puy et l'empereur Charlemagne.

CHARLEMAGNE fut le premier à tracer à ses successeurs le chemin du Mont-Anis, et à venir incliner, devant la glorieuse Vierge, un front si souvent couronné par la victoire. Le huitième siècle, en effet, n'était pas terminé, lorsque Charles, encore simple roi de France, vint en pèlerinage à Notre-Dame du Puy. Il fut reçu avec la plus grande magnificence par l'évêque Rorice II, qui appartenait, par sa naissance, à l'une des plus puissantes familles du royaume. Le religieux empereur revint une seconde fois au Puy, lorsqu'il eut reçu à Rome, des mains du Pape, la couronne impériale. L'histoire ne nous a conservé aucun détail sur ce dernier pèlerinage, ni sur les riches dons que le pieux monarque se plut sans doute à offrir à la sainte Vierge. Lacune regrettable, dont nos chroniques offrent malheureusement trop d'exemples, et que nous aurons plus d'une fois l'occasion de déplorer dans le cours de cet ouvrage. Quoi qu'il en soit, on voyait autrefois dans notre Cathédrale, près des reliques, un tableau commémoratif de la dernière visite de l'empereur, entouré des rois, ses enfants, et d'une suite nombreuse de princes et de princesses. Ce tableau était connu sous le nom de tableau des neuf preux.

Les deux pèlerinages qu'il fit à notre sanctuaire, laissèrent une impression profonde dans l'âme de Charlemagne. Il prit même notre église en si grande estime, que, voulant établir un siège épiscopal à Girone, ville d'Espagne, qu'il venait de conquérir sur les Sarrazins, il choisit le premier évêque de cette ville, parmi les chanoines du Puy, et lui adjoignit plusieurs choriers du même chapitre, pour composer le chapitre nouvellement institué. Le titre d'érection porte que l'empereur entendait que ces deux cathédrales fussent, à perpétuité, unies de cœur et associées ensemble. C'est là l'origine de la touchante fraternité qui a régné, pendant tant de siècles, entre les deux églises. Depuis cette époque, en effet, les églises vellave et catalane contractèrent une étroite alliance qui subsista fidèlement jusqu'à la grande Révolution française. Entre Girone et le Puy, il y eut, dès lors, comme une sainte Hermandad ou fraternité religieuse.

Pour en revenir à Charlemagne, outre la grande vénération que cet empereur eut toute sa vie pour le sanctuaire du Mont-Anis, il conçut aussi, à la suite des visites qu'il y fit, une amitié profonde pour Rorice, évêque du Puy et comte du Velay. Il voulut même qu'il l'accompagnât dans une de ses expéditions, afin d'être mieux à portée de son affection et de ses conseils.

Pour assurer le service du sanctuaire du Mont-Anis et pourvoir à la majesté et à la splendeur du culte, Charlemagne ajouta aux soixante chanoines qui composaient déjà le chapitre de Notre-Dame, dix autres chanoines inférieurs dont la principale fonction était de se rendre ponctuellement au chœur et d'en soutenir la psalmodie. Il y eut ainsi, autour de l'autel de Marie, tout un sénat vénérable, occupé à chanter les louanges de la Mère de Dieu et à desservir son auguste sanctuaire. L'institution de ces dix chanoines, par Charlemagne, donna naissance à la fameuse Université de Saint-Mayol, où l'on apprenait à de jeunes clercs les sept arts libéraux, et dont la renommée s'étendit bientôt dans toute la France.

Rien n'est beau à lire comme la Charte par laquelle le grand empereur créa ces dix canonicats dans notre basilique du Mont-Anis. Qu'on nous permette d'en donner lecture ici ; aussi bien y verra-t-on quels sentiments Charlemagne professait pour Notre-Dame du Puy, et comment il affirmait hautement l'apostolicité de l'Eglise du Puy :

« Au nom du Père, du Fils et du Saint-Esprit, est-il dit dans le diplôme d'institution dont on a la copie, Charles, empereur couronné de Dieu, par la miséricorde divine, roi des Français, à tous les fidèles présents et à venir, faisons savoir : que nous avons visité dernièrement la basilique ou très sainte et angélique Eglise de la bienheureuse Marie, de la ville d'Anicium, autrement dite du Puy-Sainte-Marie, fondée et construite par Vosy, premier évêque du Puy. Cette Eglise a reçu la foi catholique dès les premiers temps du christianisme, et conserve, depuis les siècles apostoliques jusques à nos jours, sans tâche et sans aucun mélange d'hérésie, cette foi que lui apporta Georges, envoyé par les Apôtres dans les régions avoisinant la Loire, préférablement à tant d'autres contrées de la Gaule.

« Dans cette basilique à jamais vénérable par sa consécration, on rend un culte très grand aux reliques de Notre-Seigneur Jésus-Christ et de plusieurs saints. Nous avons fait un pèlerinage à ce sanctuaire pour y vénérer ces reliques. Afin d'obtenir la miséricorde de Dieu et de Notre-Seigneur Jésus-Christ, nous sommes venus, pieds nus, nous prosterner, le corps et la face contre terre, dans ce temple de la bienheureuse Vierge Marie, adressant de nombreuses prières au Roi des rois, qui donne et enlève, à son gré, tous les royaumes du monde à qui il veut et comme il veut, sans considération des mérites personnels, afin qu'il voulût bien nous conserver la vie, l'empire et le royaume de France, et surtout afin que les peuples qui nous sont confiés, égalant en nombre les sables de la mer qu'on ne peut compter, restent dans la foi catholique et romaine qui fait seule notre espérance, lui demandant tout cela par l'intercession de la très bonne et très miséricordieuse Marie, sa Mère.

« En outre, pour l'accroissement du culte et du service divin, dans une si sainte basilique où les fidèles de toutes les parties du monde viennent implorer le secours de Dieu et sa miséricorde par l'intercession de la très clémente Marie, Mère de notre Dieu et Seigneur Jésus-Christ, en vertu de l'autorité royale et impériale que nous tenons de Dieu, nous voulons créer et créons, maintenant et pour toujours, dix chanoines pauvres dans la communauté et l'église du Puy, choisis parmi les clercs qui servent déjà dans cette Eglise. Ils seront dans le chœur avec les autres chanoines de la même communauté et de la même Eglise, priant pour nous et pour nos enfants, pour l'augmentation et la dilatation de toute l'Eglise apostolique et romaine, et chantant dans cette Eglise les louanges de Dieu avec ces mêmes chanoines. Et pour que cette création de dix chanoines pauvres, dans les dites église et communauté, soit ferme et stable devant Dieu et persévère longtemps dans l'avenir, nous avons statué et ordonné qu'elle serait signée de notre main, et scellée de notre anneau.

« Signé : CHARLES, empereur. »

Un tel langage se passe de commentaires.

Outre cette institution de dix chanoines, Charlemagne établit encore au Puy une œuvre dont l'institution restera l'un des plus beaux titres de gloire de notre sanctuaire : nous voulons parler de l'Œuvre du denier de Saint-Pierre.

Après avoir été sacré empereur par le Pape Léon III, Charlemagne, voulant témoigner sa reconnaissance et sa dévotion envers le Saint-Siège, recommanda instamment les besoins de l'Eglise romaine à la générosité de tous ses sujets. Il autorisa à cet effet, dans tous ses états, la levée d'offrandes et de dons volontaires, et il choisit spécialement, pour centre de perception de ces aumônes, trois villes de son empire : Aix-la-Chapelle, Saint-Gilles sur le Rhône et le Puy-Sainte-Marie. Ces trois villes, d'importance fort inégale, étaient alors célèbres par les précieuses reliques qu'elles contenaient et l'affluence des pèlerins qui se pressaient dans leurs murs. Le choix que Charlemagne fit du Puy en particulier, pour résidence des collecteurs du denier de Saint-Pierre, lui fut certainement inspiré par l'impression qu'avait laissée dans son âme le souvenir de ses deux pèlerinages à la Vierge d'Anis. Grand honneur pour notre ville qu'un tel choix dont elle s'est, du reste, montrée toujours digne ; car la cité du Puy-Sainte-Marie n'a pas dégénéré : elle est encore aujourd'hui un des plus généreux soutiens de l'OEuvre, dix fois séculaire, fondée dans ses murs par Charlemagne. Oui, entre tous les diocèses de France, celui du Puy, étant donné sa pauvreté relative, est peut être celui qui se montre le plus aumônier et le plus charitablement prodigue envers le Père commun des fidèles. Du reste, les besoins de l'Eglise ne sont pas moins pressants aujourd'hui que du temps de Charlemagne ; ils sont même devenus bien plus urgents, depuis surtout que le Souverain-Pontife s'est vu dépouiller injustement, par la force, de ses états temporels : on le sait dans nos montagnes, et voilà pourquoi, bien que l'or y soit plus rare qu'ailleurs, et le pays relativement pauvre, on s'y montre généreux envers le Pape, à l'envi des plus riches provinces de France. C'est justice, après tout : Quand l'un de nos plus grands rois, qui a laissé à la postérité ce mot célèbre : « tout est perdu, fors l'honneur ! » vaincu par son ennemi, fut jeté dans une prison étrangère, il n'y eut fille ou femme en France, qui ne filât sa quenouille pour la rançon du roi. Eh bien ! l'Eglise aussi est une reine qui a tout perdu, fors l'honneur ! C'est la reine de nos âmes. Il est donc juste qu'aujourd'hui comme autrefois, il n'y ait partout en France, et surtout dans notre catholique Velay, ni fille ni femme chrétienne, qui ne filent leur quenouille pour la rançon de l'Eglise. Nous avons donc la ferme et douce confiance que, dans l'avenir non moins que dans le passé, notre religieux diocèse ne faillira jamais à ce noble devoir de piété filiale et de tendre charité envers le Saint-Siège. Puisse-t-il en être ainsi par le secours et la protection de Notre-Dame du Puy ! *Amen.*

PRIÈRE.

Notre-Dame du Puy, priez pour nous.

O Marie, en lisant les glorieuses annales de votre pèlerinage du Mont-Anis, comme on se sent fier d'appartenir à ce noble pays du Velay que vous avez chéri entre tous les autres, qu'illustra et aima Charlemagne, et qui fut le siège et le foyer de tant de bonnes et grandes œuvres !... Mais si c'est une véritable noblesse que d'appartenir à une contrée si privilégiée, cette noblesse nous oblige à nous en montrer dignes.

De tout temps, ô Marie, le Velay s'est distingué par son zèle à orner votre temple auguste, non seulement de richesses matérielles, mais aussi et surtout de saints prêtres, (qui sont le meilleur et le plus digne

CHAPITRE SIXIÈME

ornement de vos temples. C'est ainsi que, grâce aux fondations de Charlemagne, on put admirer longtemps, dans la Basilique du Mont-Anis, un sénat de soixante vénérables ecclésiastiques, occupés à desservir le sanctuaire et à chanter pieusement les louanges de Marie. Hélas ! quelle pénurie a fait place aujourd'hui à cette abondance d'autrefois ! Tandis que les rois de la terre ont autour d'eux toute une nombreuse cour, la Reine de tous les rois du monde possède à peine quelques prêtres à son service. O Marie, comme le psalmiste, nous voulons aimer dorénavant la gloire de votre demeure, *Dilexi decorem domus tuæ*. Nous l'embellirons non seulement de nos dons et de nos offrandes, mais nous l'embellirons surtout en consacrant à votre service ceux de nos enfants qui seront capables de vous honorer et de faire partie de votre cour dans les rangs de votre clergé.

Enfin, comme nos aïeux, ô Marie, nous serons zélés pour l'œuvre du denier de Saint-Pierre que Charlemagne fonda lui-même dans notre ville, il y a plus de mille ans. Nous viendrons, de notre mieux, au secours du Père commun de tous les fidèles. Et puisque les méchants l'ont injustement dépouillé de ses états temporels, qui lui assuraient, avec l'indépendance, les ressources nécessaires au gouvernement des âmes dont il a reçu la charge, nous tâcherons, par nos aumônes, de subvenir aux besoins de son gouvernement spirituel, et nous lui fournirons, selon notre pouvoir, les moyens matériels de remplir son divin mandat.

Telles sont, ô Marie, les résolutions que nous prenons aujourd'hui à vos pieds : Bénissez-les et faites-nous la grâce d'y être désormais fidèles ? Notre-Dame du Puy, priez pour nous. Ainsi soit-il ?

Salve Regina !

CHAPITRE SEPTIÈME

Comment le prince Sarrasin Mirat, assiégé par Charlemagne dans la forteresse de Mirambelle, devenue aujourd'hui le château-fort de Lourdes, ne consentit à se rendre à personne qu'à Notre-Dame du Puy.

CHARLEMAGNE était occupé à réduire, dans les Pyrénées, la petite province de Bigorre, où un chef sarrasin, appelé Mirat, s'était fait une sorte de souveraineté indépendante. Ce Mirat était un guerrier au courage intrépide, au caractère chevaleresque, à la volonté de fer. Après avoir vu, malgré sa vaillance, toutes les autres places de sa principauté tomber au pouvoir de l'empereur, il s'était héroïquement renfermé, avec une poignée de troupes, dans la forteresse de Mirambelle, la seule place qui lui restât, et là, après avoir juré de ne se rendre à aucun homme, il avait entrepris une défense désespérée contre l'empereur.

Cette forteresse de Mirambelle, qui existe encore, et dont la position et la structure rappellent assez notre château de Polignac, avait été construite du temps de César. Assise sur un roc escarpé, elle défiait toute surprise et tout assaut. Restée sous la domination des infidèles depuis leur première invasion en France, elle avait été fortifiée avec beaucoup de soins, et elle était imprenable autrement que par la famine. C'est ce qu'éprouvèrent, cinq à six siècles plus tard, le duc d'Anjou et Du Guesclin, qui tentèrent vainement de s'en emparer de vive force.

Vainement aussi, depuis plusieurs mois, Charlemagne en faisait-il le siège. L'empereur, malgré sa puissance, se voyait bel et bien tenu en échec devant cette place avec toute son armée. Espérant amener les assiégés à se rendre, en leur faisant voir que leur perte n'était qu'une affaire de temps, Charlemagne fit cerner étroitement la place de tous côtés : les assiégés n'en continuèrent pas moins à résister. L'empereur offrit alors au prince Sarrasin de capituler à d'honorables conditions : inutile ; aux promesses comme aux menaces, l'obstiné Mirat répondait invariablement qu'il avait juré de ne se rendre à aucun homme, et qu'il tiendrait son serment jusqu'à la mort.

Lassé de ces lenteurs, Charlemagne songea enfin à marcher en avant, après avoir laissé, devant Mirambelle, une division suffisamment forte pour en continuer le siège, quand un événement imprévu vint tout à coup changer la face des affaires. L'évêque du Puy, Rorice, devenu l'ami de l'empereur, depuis ses pèlerinages à Notre-Dame du Puy, l'accompagnait à cette expédition. Se souvenant de la toute puissance de la Reine de nos montagnes, il eut la pensée de la faire intervenir en cette circonstance. Il la supplia donc d'aplanir par quelque miracle les difficultés présentes, et d'illustrer ainsi son nom jusqu'aux extrémités de la France, en réduisant et convertissant elle-même l'héroïque Mirat et son petit peuple Sarrasin. L'intervention de Notre-Dame du Puy ne fut pas invoquée en vain. Voici qu'un aigle, en effet, ayant enlevé dans ses serres un énorme poisson, rencontré sans doute à la surface d'un lac qui avoisinait la forteresse, s'en vint le déposer, tout vivant et sans la moindre égratignure, sur l'endroit le plus élevé du rocher qui sert de base au château-fort. Cet endroit s'appelle encore aujourd'hui la pierre de l'aigle. Qu'on juge de l'étonnement de Mirat ! Toutefois, voyant bientôt le parti qu'il pouvait tirer d'un pareil événement, il expédie le poisson à l'empereur, pour lui faire comprendre que la famine est loin de ceux qui possèdent de pareilles pièces dans leur vivier. Charlemagne demeure stupéfait devant l'étrangeté de ce message, mais l'évêque du Puy lui dit alors : « Sire, ayez confiance ! la Mère de Dieu, Notre-Dame du Mont-Anis, commence à se mêler de nos affaires d'une manière admirable. » — « Je désire de tout mon cœur qu'il en soit ainsi, répondit le religieux empereur. » Sur ce, l'évêque lui demande et obtient la permission d'aller trouver le Sarrasin. Lorsqu'il fut en présence de Mirat : « Prince, lui-dit-il, vous avez juré de ne vous rendre à aucun homme, soit ! mais rendez-vous donc alors à une Dame, à une Dame très puissante qui vous chérit grandement. Rendez-vous à la Mère de Dieu, à Celle qui règne sur le Mont-Anis, et dont l'empereur et moi nous nous glorifions d'être les humbles sujets. Croyez-moi, Prince, le traité que je vous offre vaut mieux qu'une victoire, on en parlera encore quand vos beaux faits d'armes seront oubliés. Allons ! faites-vous le chevalier de cette Dame, elle vous attend ! »

Ce langage toucha et adoucit subitement le cœur du farouche et inflexible Mirat. Lui, qui jusqu'alors aurait préféré mille fois mourir plutôt que de se rendre, il se sentit fléchir sous l'action de la grâce. « Evêque, répondit-il, je ne me serais jamais rendu à l'armée formidable qui m'entoure, eh bien ! je me rends à la grande Dame, Mère de Jésus, qui a daigné vous envoyer ici. Elle m'aime, avez-vous dit ; moi aussi je l'aime déjà. En son honneur, je me ferai chrétien et je serai son fidèle chevalier. Oui, je veux tenir et je veux que mes descendants tiennent à jamais, en foi et hommage, de la Dame sainte Marie du Mont-Anis, ma seigneurie de Bigorre, exempte de toute autre suzeraineté. »

On devine la joie de l'Evêque en entendant une déclaration si franche et si généreuse. L'entrevue se passait dans une sorte de préau. En habile et dévoué mandataire, l'Evêque du Puy arrache une poignée d'herbes, et les présentant au prince : « Mirat, lui dit-il, tout suzerain doit un hommage à sa suzeraine : voulez-vous me donner ces herbes comme signe de la prise de possession du fief que Marie vient d'acquérir ici? »
— « Oui bien, réplique Mirat, j'y consens et de bon cœur. Mais avant la conclusion, définitive, il importe de savoir ce qu'en pensera l'empereur. »
De retour auprès de lui, l'Evêque lui raconte le résultat merveilleux de sa négociation. A ce récit, Charlemagne de s'écrier : « J'approuve, je maintiens, je sanctionne tout ce que vous avez stipulé pour la gloire de Notre-Dame du Mont-Anis. »
Dans une seconde visite, l'Evêque reçut Mirat à titre de vassal, au nom de la sainte Vierge, avec toutes les formalités prescrites par l'usage et Charlemagne leva le siège immédiatement.

Peu de jours après, Mirat, accompagné de l'élite de ses braves, faisait le voyage du Velay, et venait ratifier la convention dans l'église angéli-

4

que. Il était curieux de voir pendiller, au bout des lances des guerriers Sarrazins, de petits faix d'herbe religieusement cueillie dans une prairie du nouveau fief. Quand ils eurent fléchi le genou devant la vénérable statue, chacun d'eux fit une jonchée à Marie, avec les petits faix d'herbe qu'ils avaient apportés. Le saint Evêque était là, il avait quitté l'empereur pour venir assister au triomphe de Notre-Dame, triomphe qui récompensait si magnifiquement son zèle, et dont ses diocésains, transportés d'admiration, ne pouvaient assez le féliciter. Les Sarrasins reçurent le baptême avec les plus belles dispositions. Le nom de Mirat, qui signifiait « invincible ou indomptable » fut changé en celui de Lorrus, qui veut dire « éclairé ou celui qui a ouvert les yeux à la lumière. »

L'hommage des faix d'herbe, suspendus au bout d'une lance, fut rendu à Notre-Dame du Puy par les successeurs de Mirat jusqu'à l'année 1118, où Centulle, comte de Bigorre, remplaça les faix d'herbe par 65 sous de Béarn, payables tous les ans, par lui et les siens, pour l'advenir, à Notre-Dame du Puy. En 1266 le roi de Navarre déclara, par un traité avec l'Evêque du Puy, tenir en fief le château de Mirambelle et le comté de Bigorre. A chaque mutation de fief, la bannière de Notre-Dame du Puy devait être hissée sur la tour du château pendant un jour et une nuit. Il en fut ainsi jusqu'au commencement du quatorzième siècle (1307), où Jean de Cumènes, évêque du Puy, céda son droit de suzeraineté sur le comté de Bigorre au roi Philippe-le-Bel, moyennant une rente de 300 livres tournois, à prendre sur le péage du Breuil au diocèse de Clermont. Quant au château-fort de Mirambelle, il existe toujours, avons-nous dit ; mais, depuis l'époque de Charlemagne, il s'appelle d'un autre nom, célèbre aujourd'hui dans le monde entier. Au pied de ce château-fort s'élève une petite ville à qui on a donné le même nom que le château. Les armoiries de cette ville rendent encore témoignage du fait merveilleux de l'aigle et du poisson, dont il est question dans ce chapitre. Elle porte de gueules à trois tours d'or, maçonnées de sable, sur roc d'argent; la tour du milieu, plus haute que les deux autres, est surmontée d'un aigle de sable éployé, membré d'or, tenant au bec une truite d'argent. Or, la ville et le château dont nous parlons portent aujourd'hui le nom de Lourdes, en souvenir peut-être du nom de Lorus donné au prince Mirat, lors de son baptême au Puy. Admirable coïncidence, qui, mille ans d'avance, fait intervenir miraculeusement Notre-Dame du Puy, au lieu même de la célèbre apparition de Notre-Dame de Lourdes !

CHAPITRE SEPTIÈME

PRIÈRE

Notre-Dame du Puy, priez pour nous!

O Reine du Mont-Anis, quelle admirable histoire est la vôtre! et quel autre de vos pèlerinages pourrait montrer dans ses annales un tel assemblage de titres honorifiques et de faits merveilleux? Rien n'est plus doux pour notre cœur que de publier votre gloire, et c'est avec une sainte et légitime fierté que nous exhumons aujourd'hui du passé vos vieilles illustrations et vos antiques splendeurs. O Marie, votre gloire rejaillit sur vos enfants; mais elle leur impose de grands devoirs : Ces devoirs, nous saurons désormais les accomplir. Oui, désormais, avec la grâce de Dieu, nous nous montrerons dignes de l'illustration que vous avez répandue sur notre pays. Vous nous avez comblés de grâces et d'honneurs : à nous, maintenant, de nous montrer reconnaissants envers vous et de vous faire honneur à notre tour! Nous vous aimerons donc de tout notre cœur, sainte Patronne du Velay! nous aurons pour vous la même affection et la même dévotion que vous témoignaient nos aïeux. Nous nous efforcerons surtout de vous honorer par notre sainteté de vie. Loin de nous désormais le péché et toute attache au péché! Loin de nous tout ce qui pourrait nous rendre indignes de la prédilection que vous avez daigné nous témoigner! ô Marie, nous promettons d'être toujours vos sujets fidèles et vos enfants dévoués. Ne désertez pas nos chères montagnes! continuez, comme autrefois, à répandre sur nous vos grâces et vos faveurs, En retour, ô reine du Mont-Anis, nous publierons partout vos bienfaits et votre gloire, nous proclamerons hautement vos excellences et vos grandeurs ; et, par notre ferveur et notre dévotion, nous contribuerons, de tout notre pouvoir, à rendre à votre pèlerinage son ancienne splendeur. Ainsi soit-il!

Notre-Dame du Puy, priez pour nous!

Salve Regina!

CHAPITRE HUITIÈME

Parallèle entre Notre-Dame du Puy et Notre-Dame de Lourdes.

NOTRE-DAME du Puy et Notre-Dame de Lourdes ! quels noms augustes nous venons d'évoquer ici, et comment dire leur prestige et leur puissance sur les âmes religieuses ! Ces deux grands noms, dont l'écho a retenti par toute la terre, dont le souffle a soulevé les foules comme le vent soulève les sables du désert, dont le charme attractif enfin, a amené des quatre coins du monde tant et tant de pèlerins aux pieds de la Vierge Marie, ces noms bénis ont entre eux, dans leur diversité même, une étroite parenté et comme une sorte de fraternité mystérieuse, qui apparaît et éclate dès qu'on les rapproche et qu'on les met en parallèle. Voyez, en effet, les admirables coïncidences qui ressortent de ce parallèle :

Il y a dix-huit cents ans, la sainte Vierge, voulant être honorée sur le Mont-Anis, y apparaissait à une pauvre malade et se montrait à elle resplendissante de beauté, toute rayonnante de lumière, revêtue de magnifiques vêtements et entourée d'une multitude d'anges qui l'escortaient comme leur Reine.

Il n'y a pas encore un demi-siècle, Marie, désirant voir aussi s'élever, à Lourdes, un temple en son honneur, y apparut à une pauvre petite bergère nommée Bernadette. Au dire de l'enfant, cette apparition, dans sa simplicité, était belle d'une beauté qu'il est impossible d'exprimer. Marie s'y montrait dans une auréole de lumière. Son vêtement était celui des vierges : roble blanche, voile blanc et ceinture bleu de ciel. Sur chacun de ses pieds nus, blancs comme l'albâtre sans tâche, brillait un ornement symbolique, une rose d'or, emblème de la charité qui conduisait autrefois ses pas sur les montagnes de la Judée et les guidait encore aujourd'hui vers les montagnes de France. Entre ses mains virginales, glissaient les perles blanches d'un chapelet à chaîne d'or, et Marie, dans cette attitude recueillie, écoutait et semblait compter les invocations que lui adressait la petite bergère, agenouillée à ses pieds.

Au Mont-Anis, l'apparition de la sainte Vierge eut lieu sur une grande pierre druidique taillée en forme d'autel. Autour du mont sacré, les montagnes environnantes s'étagent à la façon d'un cirque immense, et, selon l'expression de la sainte Ecriture, semblent bondir comme des

CHAPITRE HUITIÈME

béliers sous la garde du Mezenc, le roi des Cévennes, qui, pareil à un pasteur géant, élève sa tête dénudée ou fond de l'horizon.

A Lourdes, Marie apparaît également au milieu des roches pyrénéennes, dans un berceau de montagnes et dans le creux d'une grotte renfermant un menhir ou pierre-levée de granit, qui avait autrefois servi d'autel aux Druides.

Au Mont-Anis, la malade à qui la sainte Vierge apparut, fut d'abord toute troublée par cette vision miraculeuse. Puis, se rassurant bientôt, elle s'enhardit jusqu'à demander quelle était cette reine ; et l'un des esprits célestes lui répondit : « C'est l'auguste mère du Sauveur, qui entre tous les lieux du monde, s'est choisi spécialement cet endroit pour y être servie et honorée jusqu'à la fin des siècles. »

De même à Lourdes, Bernadette, ravie de ce qu'elle voit, fixe également sur la sainte Vierge de grands yeux limpides et étonnés ; la bouche entr'ouverte, béante d'admiration, elle semble aspirer la grâce divine et la lumière surnaturelle que projette l'apparition. La petite bergère devient toute transfigurée. Un reflet d'une splendeur céleste rejaillit sur son front et sur ses traits comme une auréole lumineuse, et la naïve enfant, s'adressant à l'être mystérieux qu'elle contemple avec ravissement, lui dit en son dialecte d'or : « O Madame, je vous en prie, veuillez avoir la bonté de m'apprendre qui vous êtes et quel est votre nom ! » Et Marie, après s'être laissée prier ainsi cinq fois, Marie, ouvrant alors les bras, abaisse vers le sol ses mains virginales, comme pour envoyer à la terre les bénédictions du ciel ; puis, élevant de nouveau les mains, les joint à la hauteur de la poitrine, et, regardant les cieux avec l'expression d'une indicible gratitude, s'écrie enfin d'un air souriant : « Je suis l'Immaculée-Conception ! »

Réponse mystérieuse, qui nous dit assez que c'est surtout sa pureté sans tache que la sainte Vierge veut voir honorer à Lourdes, tandis qu'au Mont-Anis c'est son titre auguste de mère de Dieu qu'elle présente spécialement à nos hommages. En cela apparaît la différence des deux pèlerinages, différence qui se retrouve du reste dans les statues tout à fait dissemblables qu'on y vénère. Mais où la ressemblance éclate de nouveau, c'est lorsque, à Lourdes, Marie dit à Bernadette : « Ma fille, allez dire aux prêtres de me faire bâtir ici une chapelle où l'on devra venir en procession. » Cette demande de Marie est la même que celle qui fut faite aussi par elle à la malade de Ceyssac, lors de la seconde apparition qui eut lieu sur le Mont-Anis au quatrième siècle, et au sujet de laquelle nos chroniques rapportent les paroles suivantes de la sainte Vierge : « Ma fille, allez trouver mon serviteur Vosy ; dites-lui de ma part qu'il ne manque pas de jeter ici, au plus tôt, les fondements du sanctuaire que n'ont pu m'y élever ses prédécesseurs ; car j'ai choisi cette montagne entre mille, pour donner une audience favorable à ceux qui viendront m'y présenter leurs demandes et leurs requêtes. »

Encore une fois, quelle merveilleuse coïncidence dans la diversité même de ces deux apparitions ! Et qui ne voit, par tout ce que nous venons de dire, que l'église angélique de Notre-Dame du Puy peut revendiquer, hautement et à juste titre, son droit d'aînesse et de suzeraineté sur la basilique de Notre-Dame de Lourdes !

En terminant ce chapitre, nous ne pouvons nous empêcher de faire une dernière réflexion. Certes ! nous aimons trop la sainte Vierge, et notre piété est trop éclairée pour être jaloux de la gloire qui a resplendi en ces derniers temps sur un autre sanctuaire de Marie, le sanctuaire de Notre-Dame de Lourdes. Mais il est bien permis de le dire, quisque cela est vrai : jamais il n'y a encore eu, à Lourdes, un pèlerinage qui puisse être comparé à ceux qui, depuis tant de siècles, se sont succédé à Notre-Dame du Puy ! Disons toute notre pensée : Le pèlerinage de Lourdes, grâce aux chemins de fer, s'effectue dans des conditions de bien-être et de confortable inconnus jusqu'à ce jour aux pèlerins du Puy. Nos pères ne faisaient le pèlerinage du Mont-Anis qu'au prix de fatigues inouïes, et très souvent même au péril de leur vie. Tandis que l'on va à Lourdes comme l'on va à Paris, en coupé-lit et en train de plaisir !...

Nous le répétons : nous aimons de tout notre cœur, nous prions de toute notre âme, nous révérons de toute notre foi Notre-Dame de Lourdes. La Vierge immaculée qui a apparu au fond des Pyrénées est, après tout, la même créature privilégiée de Dieu, dans le sein de laquelle Notre-Seigneur Jésus-Christ a daigné s'incarner. La sainte Vierge apparue à l'angélique Bernadette, il n'y a pas encore un demi-siècle, est la même qui apparut, sur le Mont Anis, à une pauvre malade du Velay, il y aura bientôt deux mille ans. L'une et l'autre sont donc dignes du même amour et de la même vénération. Mais il y a aussi une chose certaine : c'est que si Marie aime beaucoup à être priée à Lourdes, elle n'aime pas moins à être priée au Puy. Si Marie fait beaucoup de miracles et de guérisons à Lourdes, elle n'en a pas moins aussi, pendant de longs siècles, opéré au Puy de grands prodiges, et elle en opèrerait encore beaucoup certainement, si l'on savait venir l'y prier comme autrefois. Enfin, si les foules ont raison et sont bien inspirées d'affluer, comme elles le font, au moderne pèlerinage pyrénéen, leur mérite et leur nombre sont loin d'égaler en cela le nombre et le mérite des millions et des millions de pèlerins qui sont venus jusqu'à présent prier Marie dans son antique sanctuaire du Mont-Anis. Aucune raison inavouable, aucun sentiment de clocher ne nous portent à parler ainsi. Nous constatons simplement un fait à l'honneur de Notre-Dame du Puy.

C'est donc bien justement que Mgr de Morlhon, de digne et sainte mémoire, s'écriait dans un mandement adressé à notre diocèse en 1856 : « Oui, de tous les sanctuaires bâtis en l'honneur de Marie, sur le sol sacré de la France, il n'en est pas dont la fondation remonte à une époque plus reculée ! Aucun n'a eu plus de renom et plus d'éclat ! Aucun n'a attiré un plus grand nombre de pèlerins de tout rang, de tout sexe et de toute condition ! Enfin, dans aucun la Reine du ciel ne s'est plu davantage à répandre ses grâces et ses faveurs sur ceux qui l'invoquent. Encore moins en est-il un autre que les Souverains-Pontifes aient doté de plus de privilèges et enrichi de plus d'indulgences.

« N'y eut-il que son célèbre Jubilé ; l'Eglise angélique pourrait se glorifier d'être dans un rang suréminent parmi toutes les autres églises consacrées à Marie, non seulement en France, mais dans le monde tout entier ! »

Eloquent témoignage qui doit nous faire apprécier de plus en plus l'excellence incomparable du sanctuaire de Notre-Dame du Puy !

PRIÈRE

Notre-Dame du Puy et Notre-Dame de Lourdes, priez pour nous !

Pentes escarpées du Mont-Anis, et vous, montagnes bénies des Pyrénées, quel beau poème vous chantez à la gloire de Marie !

Sainte Basilique de Notre-Dame du Puy, vous redites depuis plus de dix-huit siècles, sous les voûtes mystérieuses de votre chœur angélique, les louanges de la maternité divine de la Très Sainte Vierge !

Et vous, ô basilique de Notre-Dame de Lourdes, vous exaltez, depuis bientôt un demi-siècle, l'insigne privilège de la conception immaculée de la mère de Dieu ! Vos deux pèlerinages se complètent et n'en font qu'un ! Oh ! qu'ils soient unis dans notre amour et notre dévotion !

A Lourdes, ô Marie, l'Esprit-Saint vous adresse ces paroles du cantique des cantiques : vous êtes toute belle, ô ma bien-aimée, et aucune tâche n'est en vous ! vous êtes plus belle que la fleur des champs, plus pure que le lys des vallées ! vos yeux sont plus doux que ceux de la colombe, vos lèvres plus onctueuses que le rayon de miel, et le parfum qui s'exhale de votre âme est plus suave que celui du plus pur encens et des fleurs les plus odorantes !

— Au Puy, la cour céleste vous salue plus spécialement du titre de mère de Dieu ! Et la voix du ciel semble s'unir à la voix de la terre pour vous redire sans cesse : « Salut, ô pleine de grâces, vous êtes « bénie entre toutes les femmes, et Jésus le fruit de vos entrailles est béni ! »

— Oui, bénies soient à jamais votre conception immaculée et votre maternité divine, ô Marie ! Ces deux titres s'appellent l'un l'autre : vous n'avez été conçue immaculée que pour être mère de Dieu, et c'est parce que vous avez été choisie pour être la mère de Dieu, que vous êtes immaculée ! Ces deux titres, ô Marie, justifient, consacrent, canonisent toutes les inventions de notre reconnaissance, tous les élans de notre âme, toutes les inspirations de notre tendresse envers vous !

Gloire, amour, louanges à Marie conçue sans péché et à la vierge mère de Dieu !

Gloire, amour, louanges à Notre-Dame de Lourdes et à Notre-Dame du Puy.   Ainsi soit-il !

CHAPITRE NEUVIÈME

Origine du Grand-Pardon ou Jubilé de Notre-Dame du Puy, et privilèges et indulgences attachés à l'Eglise angélique.

AUX approches de l'an 1000, dans toute la chrétienté, une erreur s'était universellement répandue, par laquelle on croyait que le monde allait périr avec l'échéance du premier millénaire. Cette date apocalyptique de 1000 ans avait pris, aux yeux des multitudes, la valeur d'un chiffre absolu.

D'autre part, le bruit s'était fortement accrédité, à cette époque, que la fin du monde arriverait lorsque la fête de l'Annonciation tomberait un Vendredi-Saint. Or, cette mystérieuse coïncidence devait se produire en l'année 992. C'est pourquoi, à l'approche de cette funèbre échéance, des multitudes immenses se dirigèrent aux lieux de pèlerinages les plus renommés, pour implorer grâce et miséricorde. Le sanctuaire de Notre-Dame du Puy, en particulier, attira une telle foule de visiteurs, qu'en mémoire de cet événement, le Saint-Siège y institua un Jubilé solennel pour toutes les années où le Vendredi-Saint se rencontrerait avec le jour de l'Annonciation. On sait que l'Annonciation tombe toujours le 25 mars. Cette date du 25 mars avait toujours été en grand honneur dans l'Eglise. Dans l'origine du christianisme, c'était une opinion communément répandue que Notre-Seigneur s'était incarné dans le sein de Marie et était mort le vingt-cinquième jour du mois de mars. C'est pour cela que l'Eglise s'est toujours trouvée heureuse de pouvoir, de loin en loin, honorer, en ce même jour, le premier et le dernier jour du Sauveur.

Telle est l'origine du célèbre Jubilé de Notre-Dame du Puy. Ce Jubilé, on le voit, est le plus ancien de tous les jubilés du monde ; il est aussi, comme nous le démontrerons dans la suite, le plus populaire et le plus fréquenté de toute la chrétienté.

Outre l'indulgence de ce Grand-Pardon, les Souverains-Pontifes se sont plu à enrichir le sanctuaire du Mont-Anis d'un grand nombre d'autres faveurs, trop oubliées aujourd'hui, et que nous nous faisons un devoir de publier ici, pour ranimer la ferveur et la dévotion des fidèles envers la vénérable basilique de Notre-Dame du Puy. En voici le résumé :

En 1245, Innocent IV accorda quarante jours d'indulgence à tous ceux qui visiteraient l'Eglise angélique aux quatre grandes fêtes de Notre-Dame ou durant leur octave. Ces quatre grandes fêtes sont, comme on le sait, l'Annonciation, la Nativité, la Purification et l'Assomption.

En 1254, le Pape Alexandre IV éleva cette première faveur jusqu'à quatre-vingts jours, et l'étendit à toutes les fêtes de la très sainte Vierge.

En 1265, Clément IV, que le Puy avait eu pour évêque avant que la chrétienté le comptât parmi les successeurs de saint Pierre, éleva l'indulgence à un an et un jour pour les quatre grandes fêtes de Marie, l'Ascension et l'Octave de ces fêtes, ainsi que pour les trois jours des Rogations.

En 1291, Nicolas IV étendit cette faveur à toutes les fêtes de la sainte Vierge et aux fêtes de saint Domnin (16 juillet), de sainte Consorte (22 juin) et des saints Innocents (28 décembre), dont les reliques étaient en grand honneur dans l'Eglise angélique.

En 1373, Grégoire XI ajouta encore un an pour l'Assomption de la sainte Vierge, pour l'Ascension et pour les Rogations.

Mais c'est surtout au jour de la Dédicace de la sainte Basilique (11 juillet), que la source des bénédictions célestes fut ouverte aux dévots pèlerins. Ils peuvent, en effet, ce jour-là, s'ils sont dans de saintes dispositions, obtenir, avec l'indulgence plénière, la remise totale de toutes les dettes qu'ils ont pu contracter envers la justice de Dieu. Ainsi le décréta Boniface VIII (1294-1303).

Ce dernier Pape, si libéral envers le sanctuaire de Notre-Dame du Puy, voulut aussi que les pauvres âmes du Purgatoire se ressentissent des faveurs qu'il accordait à notre pèlerinage. Par son ordre, une chapelle particulière de notre basilique (la chapelle du Saint-Crucifix) reçut donc, en leur faveur, des privilèges quotidiens qui ont été renouvelés en ces derniers temps par le Pape Pie VI, 29 mai 1789. Cette faveur fut publiée de nouveau le 8 novembre 1823, par Mgr Maurice de Bonald, évêque du Puy.

Toutes ces indulgences que nous venons d'énumérer, se gagnent encore aujourd'hui. En outre, une indulgence plénière est aussi accordée à tout fidèle qui visitera l'église angélique, quelque jour de l'année que ce puisse être, pourvu qu'il se soit confessé et qu'il ait communié. Enfin, le Saint Siège a attaché à l'heureux sanctuaire les privilèges des sept autels ou des stations romaines, en sorte qu'en allant prier à sept autels de Notre-Dame du Puy, on gagne les mêmes indulgences qu'en allant prier aux sept grandes églises de Rome. Ces sept autels désignés dans la chapelle angélique étaient autrefois ceux de la Vierge noire, du Saint-Crucifix, de Saint-Joseph, de Sainte-Anne, de Saint-André, des Saintes-Reli-

CHAPITRE NEUVIÈME

ques et de Saint-François-Régis. Après la Révolution, sous l'épiscopat et par ordonnance de Mgr de Bonald, l'autel du Sacré-Cœur fut substitué à l'autel des Saintes-Reliques. Depuis lors, cet ordre de choses n'a pas été changé.

A toutes ces indulgences, s'ajoutaient encore autrefois des privilèges qui montrent bien l'influence que le pèlerinage du Puy avait pris non seulement en France, mais dans toute la chrétienté.

Le premier de ces privilèges consistait dans la facilité de tester, accordée aux pèlerins s'ils venaient à être surpris par la maladie dans le cours de leur pèlerinage. Partout ailleurs, pour tester validement, il était requis d'avoir sept témoins. Pour les pèlerins du Puy, deux témoins suffisaient, et cela par une prérogative dont on ne saurait dire si la concession vient de la libéralité des Souverains-Pontifes ou de la piété de nos rois.

La seconde faveur accordée aux pieux voyageurs qui se dirigeaient vers la chapelle évangélique, était de rencontrer, en certains lieux, des hospices pour les recueillir dans leurs fatigues ou dans leurs maladies. C'est ainsi qu'il y en avait un entre autres, attenant à l'ancienne église Saint-Georges, et dont la seule destination était de recevoir les pèlerins de Notre-Dame. Il y avait également

ment un hospice à Toulouse, pour héberger, à leur passage, les pèlerins Espagnols qui se rendaient en grand nombre, chaque année, à Notre-Dame du Puy.

Un troisième privilège enfin, était d'offrir aux coupables un moyen non seulement d'expier leurs fautes devant Dieu et d'en obtenir l'indulgence, mais encore de s'acquitter, par un acte religieux, de ce qu'ils devaient d'expiation à la justice humaine. C'est ainsi qu'un arrêt du Parlement de Paris, rendu en 1296, condamna le seigneur d'Harcourt, dont les gens avaient blessé le chambellan de Tancarville, à faire le pèlerinage expiatoire de Notre-Dame du Puy.

C'est ainsi encore que par acte passé le quatre septembre 1361, entre Robert et les villes de Flandre d'une part, et de l'autre Philippe, régent des royaumes de France et de Navarre, il fut statué que le comte Robert et ses fils accompliraient dans le délai d'un an le pèlerinage de N.-D. du Puy.

En 1324, une sentence des inquisiteurs, en date du six des calendes de mai, condamne Jean de Corozello, hôtelier de Narbonne, coupable d'hérésie, à visiter l'église du Puy.

En 1318, une commutation de peine fut accordée par les cinq inquisiteurs de Narbonne, à vingt-deux hérétiques albigeois, sous obligation d'aller en pèlerinage au Puy.

L'année suivante, 31 juillet 1319, les réformateurs de justice envoyés à Lyon par le roi Philippe V, commuèrent l'amende encourue par un certain Henri de Dijon, en un pèlerinage à Notre-Dame du Puy.

Bertrand de Cayres, le meurtrier de l'évêque Robert de Mehun et ses complices, en réparation de leurs crimes, furent condamnés par le pape Honoré III, à se rendre en pèlerinage au Puy-Sainte-Marie, couverts de sacs et de cilices, les pieds nus et la tête rasée, à mendier dans les rues de la ville pendant tout un carême et à jeûner au pain et à l'eau deux fois la semaine.

Une ordonnance du roi Charles VI, datée de juin 1381, fait grâce entière à trois frères assassins, à condition que dans un an, ils iront à Notre-Dame du Puy offrir chacun un cierge de deux livres de cire.

On trouve dans les archives nationales deux autres ordonnances du même roi semblables à la précédente.

On le voit, le sanctuaire du Mont-Anis, fut un des plus privilégiés du monde, et ceux qui y venaient en dévotion y trouvaient des avantages pour le temps aussi bien que des faveurs pour l'éternité.

CHAPITRE NEUVIÈME

PRIÈRE

Notre-Dame du Puy, priez pour nous!

Quelle est grande la bonté de Dieu, et quelle preuve ce chapitre vient de nous en donner!

Il est de foi, nous le savons, que tout péché doit être puni en ce monde ou en l'autre. Si le péché est mortel, il doit être puni en l'autre vie d'une peine éternelle sans préjudice des peines temporelles. S'il n'est que véniel, il doit être puni d'une peine temporelle ici-bas ou dans le purgatoire. D'autre part, la rémission, dans le sacrement de pénitence, soit du péché véniel, soit du péché mortel, laisse ordinairement subsister une peine temporelle à subir en ce monde ou en l'autre; car il est rare qu'on ait les dispositions parfaites de repentir et d'amour de Dieu qui excluent toute affection au péché et nous justifient pleinement aux yeux du souverain Juge. Or, en nous ouvrant le trésor des indulgences dont elle a la clef, l'Eglise supplée à l'insuffisance de nos pénitences et de nos expiations, et, grâce à l'application des mérites surabondants de Notre-Seigneur Jésus-Christ, de la sainte Vierge et des saints, nous pouvons nous libérer de toutes les peines temporelles dues à nos péchés, et nous justifier pleinement aux yeux de Dieu. Admirable et consolante doctrine, bien digne du divin Sauveur, qui a daigné mourir pour nous sur une croix, alors qu'il lui suffisait d'une seule larme, d'un seul soupir ou d'un seul acte de sa volonté pour nous racheter!

O Marie, faites-nous comprendre le prix des indulgences attachées à la visite de votre pieux sanctuaire du Mont-Anis! Faites que nous ne le dédaignions plus comme par le passé! Et quoi! lorsque Dieu a daigné mettre ainsi à notre portée, et comme entre nos mains, des moyens si certains, si efficaces et si faciles pour nous acquitter envers lui de toutes les dettes que nous avons eu le malheur de laisser s'accumuler, depuis que nous avons l'âge de raison, serions-nous assez mal avisés ou ennemis de nous-mêmes, assez faibles dans la foi ou assez ingrats envers la bonté divine, pour refuser d'en profiter? Non, ô Marie, désormais il n'en sera plus ainsi! A l'exemple de nos aïeux, nous visiterons souvent votre vénéré sanctuaire. Nous y viendrons puiser, comme eux, dans les indulgences qui y sont attachées, l'entier pardon de nos péchés. Et quand la mort viendra nous retrancher du nombre des vivants, au lieu d'aller expier et souffrir cruellement et longuement peut-être en Purgatoire, nous entrerons immédiatement en possession du bonheur du ciel! Qu'il en soit ainsi par votre intercession, ô Notre-Dame du Puy. *Amen.*

Salve Regina!

CHAPITRE DIXIÈME

Popularité du Grand-Pardon ou Jubilé de Notre-Dame du Puy, depuis son institution jusqu'à la grande Révolution française.

NOUS avons vu, hier, quelle fut l'origine du Grand-Pardon ou Jubilé de Notre-Dame du Puy. Voyons maintenant quelle fut son immense popularité.

Le Grand-Pardon ou Jubilé de Notre-Dame du Puy, ayant été institué en 992, et ne devant pas se renouveler avant 1910, il s'en suit, d'après les supputations du comput ecclésiastique, que cette précieuse indulgence est arrivée vingt-six fois en neuf cents ans.

Le premier de ces Jubilés sur lequel l'histoire ait enregistré des détails authentiques, est le dixième, qui fut célébré en 1407, sous l'épiscopat d'Elie de l'Estrange. A cette époque, le Jubilé ne durait qu'un jour. Or, il y eut, ce jour-là, au Puy, une telle affluence de pèlerins, que, malgré toutes les précautions de prudence prises par les consuls de la ville, il y eut jusqu'à deux cents personnes étouffées dans la foule. Le cœur se serre à la pensée d'une pareille catastrophe, qui se renouvellera plus d'une fois encore, dans les solennités de l'Eglise angélique. Mais la foi suggère d'autres sentiments que la nature et nous fait presque envier le sort de ces bienheureux pèlerins, à qui le Jubilé de Notre-Dame ouvrit ainsi les portes du paradis.

Le onzième Jubilé eut lieu en 1418, sous le même évêque, Elie de Lestrange. L'expérience du passé fit redoubler les précautions. Sur la prière qui lui en fut faite, le Souverain Pontife prolongea le Jubilé jusqu'au mardi de Pâques. Mais, malgré cela, la foule des pèlerins fut si grande, qu'on eut encore à déplorer la mort de trente-trois personnes qui périrent étouffées dans la presse.

Au douzième Jubilé qui suivit de très près celui-là (1429), on n'eut, cette fois, aucun accident à déplorer. Il est vrai qu'à la demande du roi Charles VII, le Souverain-Pontife avait prorogé l'indulgence jusqu'au dimanche de Quasimodo.

Le treizième Jubilé eut lieu en 1440. La dévotion et l'affluence des pèlerins y furent aussi grandes que de coutume. Mais, grâce aux précautions extraordinaires prises par les autorités civiles et ecclésiastiques, tout se passa sans accident de personne.

Il n'en fut pas de même en 1502 (quatorzième

Jubilé). Cette fois, malgré un luxe de précautions inouïes, cent douze pèlerins périrent étouffés. Cette catastrophe provint de ce que l'évêque, Godefroy de Pompadour, croyant que le Jubilé de l'année sainte, qui avait eu lieu deux ans auparavant, dans la chrétienté toute entière, diminuerait considérablement le nombre des pèlerins du Puy, ne crut point devoir recourir au Souverain-Pontife comme l'avaient fait ses prédécesseurs, pour obtenir une prolongation du Jubilé. Mais, contre son attente, il y eut, dès le dimanche des Rameaux, une affluence énorme de pèlerins, et cette affluence continua d'une façon si prodigieuse les jours suivants, que les chemins se trouvant trop étroits, les pieux voyageurs furent obligés de se frayer des routes plus larges, à travers les blés et les vignobles, qui furent ainsi endommagés sur une largeur de quatre à cinq toises. On aurait dit que l'Italie, l'Espagne, l'Angleterre, s'étaient épuisées d'habitants ; il se trouva même, parmi la foule des étrangers, plusieurs familles grecques. Depuis les Vêpres du jeudi jusqu'aux Complies du lendemain, les rues furent encombrées d'une multitude tellement pressée, que si quelque objet venait à tomber, personne n'osait ni ne pouvait se baisser pour le ramasser. Les habitants du même pays et les membres d'une même famille tenaient leurs bâtons haussés, avec des enseignes pour se reconnaître ; et la chaleur qu'ils souffraient, quoiqu'en plein air, était si forte, qu'elle les contraignait à supplier, ceux qu'ils voyaient aux fenêtres, de leur verser de l'eau sur la tête pour les rafraîchir, ce que la charité s'empressait de faire en y joignant quelques fruits pour les désaltérer. Les provisions furent loin de suffire, et la cherté devint excessive. Les trois mille confesseurs, dont l'Evêque s'était pourvu, ne pouvant suffire à la multitude, on dut y en ajouter encore un millier. Ils étaient échelonnés dans la basilique ; les églises, les porches, les cimetières en étaient bordés ; plusieurs se tenaient à la porte Saint-Gilles ; un plus grand nombre s'étaient établis dans la grande prairie du Breuil. Dans une presse si compacte, il était impossible de n'avoir pas à déplorer quelque accident : quatre-vingt quinze personnes périrent donc étouffées, près la porte Saint-Robert, et dix-sept furent écrasées sous les ruines d'un mur qui s'écroula près la porte de Vienne.

Ces cruelles leçons ne furent pas perdues pour l'avenir. On s'entoura de plus de précautions, et, grâce aux nouvelles mesures qui furent adoptées, il n'arriva point de malheur durant le quinzième Jubilé de 1513, quoiqu'il y vint et afflua, disent les chroniques « grand et indicible nombre de peuple. »

CHAPITRE DIXIÈME

Le seizième Jubilé de 1524 s'ouvrit sous d'assez fâcheux auspices. La malveillance des protestants, dont l'hérésie commençait à se répandre dans l'ombre, avait semé au loin des bruits de peste et de guerre. Néanmoins, peu de solennités furent aussi brillantes : « Il y vint des gens et tant, que je ne sais, dit un contemporain, comment plus en fussent venus, ou si plus en eust pu tenir. » Cette fois encore les routes publiques furent trop étroites pour la multitude des étrangers accourus de toutes parts. Les habitants du Puy se distinguèrent plus que jamais, par les bons offices de charité qu'ils rendirent aux pèlerins, et l'ordre fut si parfait, qu'il ne périt qu'un seul homme ; encore fut-il victime de son imprudence.

Le Jubilé de 1622 arriva. C'était le dix-septième. Just de Serres était alors assis sur le siège de saint Vosy. A sa requête, qu'appuya le roi Louis XIII, le pape Grégoire XV prolongea, à perpétuité, pendant l'octave entière, le privilège accordé par ses prédécesseurs pour le seul jour du Vendredi-Saint. Le concours des pèlerins, cette fois, fut singulièrement remarquable ; suivant Théodore, jamais on ne vit en même temps, au Puy, tant de noblesse et de prélats. On était accouru de toute l'Europe, et des manuscrits assurent qu'il n'y vint pas moins de trois cent mille personnes.

Le dix-huitième Jubilé eut lieu en 1633, à peu près dans les mêmes conditions, sauf que le temps, contre l'ordinaire, fut si serein et si beau pendant l'Octave, qu'il semblait, dit le chroniqueur, que mars eut fait vœu d'arrêter ses giboulées, pour ne point empêcher les fidèles de venir rendre leurs vœux à la très sainte Vierge.

Le dix-neuvième Jubilé arriva avec l'année 1644. Cette fois il y avait tant de neige dans les chemins que l'on croyait ne voir arriver que fort peu d'étrangers. Mais il en vint tout autant qu'aux autres Jubilés. On avait fait venir un grand nombre de confesseurs, tant séculiers que réguliers, et il n'y en avait pas moins de cent au seul couvent des Capucins.

Le Grand-Pardon du Puy ne revint, pour la vingtième fois, qu'avec l'année 1701. Cette fois l'affluence des pèlerins n'eut plus de bornes, et l'on peut dire que l'Europe tout entière s'ébranla. L'Allemagne, notamment, rivalisa de zèle avec l'Espagne et l'Italie. On remarqua, en particulier, deux chevaliers de Malte qui, attirés de leur île par la dévotion, marchèrent nu-pieds, depuis la chapelle de Sainte-Anne jusqu'au Puy, et montèrent à la Cathédrale, en marquant de leur sang les traces de leur pas. Le temps était horrible. La neige tombait à gros flocons, et les routes étaient presque devenues impraticables.

Malgré cela, les confesseurs ne pouvaient suffire à la multitude des pénitents. Pour éviter l'encombrement de la Basilique, il était permis de communier dans n'importe quelle église ou chapelle de la ville. Or, d'après les procès-verbaux qui en furent dressés, on compta jusqu'à quinze mille communions dans l'église des Jésuites. Trois mille dans celle des Cordeliers, six mille aux Carmes, dix mille chez les Capucins et autant, sans doute, chez les Dominicains de Saint-Laurent. Pour ces derniers, les procès-verbaux ne donnent pas de chiffres. Quant à la Cathédrale, la foule des pénitents et des communiants était si grande, qu'on fut obligé de poster deux soldats à chaque confessionnal, pour empêcher le peuple de s'étouffer, et donner au confesseur la liberté de respirer. Enfin, on ne cessa, pendant toute l'Octave, de distribuer la communion à la Basilique, depuis le grand matin jusqu'au soir après Vêpres, et même jusqu'à l'entrée de la nuit.

La même chose eut lieu pour le vingt-unième Jubilé de 1712, que le Pape Clément XII, sur la relation de ce qui s'était passé en 1701, prolongea encore jusqu'au dimanche de Quasimodo.

Enfin l'année 1785 vint clore dignement cette manifique série de Jubilés que nous venons d'énumérer brièvement.

Mgr de Galard-Terraube, un de ces grands et

immortels prélats comme la France en comptait beaucoup quand l'impiété se rua sur elle, gouvernait alors le diocèse du Puy. On eut dit qu'au milieu du calme complet dont jouissait notre patrie, on avait, dans le Velay, je ne sais quel vague pressentiment de la tempête qui allait bientôt s'élever. Aussi les populations coururent-elles, en foule, se jeter aux pieds de celle que l'Eglise salue du titre d'étoile de la mer, et, malgré les ravages que l'impiété voltairienne avait commencé à faire dans toutes les classes de la société, on ne compta pas moins encore de quatre-vingt mille pèlerins à ce vingt-deuxième Jubilé.

Hélas ! arrêtons-nous ici et fermons ce chapitre. Car, ce fut là le dernier hommage que reçurent avant la Révolution française, l'image et le sanctuaire sacrés de Notre-Dame du Puy.

PRIÈRE

Notre-Dame du Puy, priez pour nous !

O Marie, quelle triste différence entre la foi de nos aïeux et la nôtre ! Et comment ne pas être confus en comparant notre torpeur et notre froideur actuelles, à l'enthousiasme et au zèle que nos pères manifestaient autrefois pour les choses de Dieu ! Qui nous donnera de vous aimer comme eux, ô Vierge sainte ! qui nous donnera cet élan de cœur et ce vol de l'âme qui les faisaient s'élancer vers votre Sanctuaire, ô Marie, avec de véritables transports de bonheur et d'amour! Hélas! misérables que nous sommes, nous ne savons plus vous aimer! C'est comme un secret perdu pour nous, nos péchés nous ont fait perdre cette science de l'amour de Dieu et de sa sainte Mère. O Reine du Mont-Anis, rendez-nous nos cœurs et nos âmes d'enfants; rendez-nous ce cœur pur avec lequel nous vous aimions tant autrefois, cette âme innocente avec laquelle nous vous priions jadis avec tant de confiance et de naïf abandon! Rallumez en nous le flambeau à demi éteint de la Foi et que cette foi ravivée, nous fasse tomber à vos pieds, ô Marie, repentants et fervents comme ces innombrables pèlerins qui, aux jours de vos célèbres Jubilés, montaient, en quelque sorte, à l'assaut de votre angélique sanctuaire. O Vierge sainte, comme eux attirez-nous à vous par l'attrait irrésistible de vos grâces et de vos vertus. *Trahe nos post te! in odorem curremus unguentorum tuorum!* Notre-Dame du Puy, priez pour nous! Ainsi soit-il.

Salve Regina!

CHAPITRE ONZIÈME

Le Jubilé ou Grand-Pardon de Notre-Dame du Puy à partir de la Révolution jusqu'à nos jours.

La tourmente révolutionnaire s'était déchaînée sur la France comme un irrésistible ouragan. 93 avait succédé à 89. La religion et la patrie en deuil pleuraient le roi et la reine décapités, les églises fermées, profanées ou détruites, les prêtres exilés, égorgés, ou bien traqués partout comme des bêtes fauves, et obligés de se cacher dans l'ombre, pour exercer, au péril de leurs jours, les fonctions sacrées de leur ministère. Tout était sang et larmes pour l'Eglise de France. Comme Rachel, hélas ! elle voyait assassiner ses enfants et sa douleur était inconsolable. *Rachel plorans filios suos et noluit consolari quia non sunt !...* C'est dans ces circonstances lamentables que l'arrivée du vingt-troisième Jubilé de Notre-Dame du Puy vint, comme la colombe de l'arche, apporter le rameau d'espérance à notre infortunée patrie.

On était en 1796. Mgr de Galard-Terraube était alors exilé en Suisse. Des mains impies et sacrilèges avaient arraché de son trône la statue vénérée de la Vierge noire, l'avaient brûlée sur la place publique et en avaient dispersé les cendres au vent... L'auguste basilique elle-même avait été profanée et pillée. Une créature pécheresse avait osé s'asseoir un jour à la place de l'image de Marie Immaculée, et y avait reçu des hommages idolatriques. Le sanctuaire enfin, découronné de sa gloire, était aux mains des schismatiques et des excommuniés. Dans cette triste conjoncture, Mgr de Galard-Terraube obtint du pape Pie VI, le 29 janvier 1796, une Bulle par laquelle le Vicaire de Jésus-Christ, suspendant la faveur octroyée au sanctuaire angélique par les Papes ses prédécesseurs, accordait lui-même, pour cette fois, un nouveau pardon, qu'on pourrait gagner dans tel temps et tel lieu du diocèse que les circonstances le permettraient, pourvu que ce fut en évitant tout contact avec les schismatiques. Sa Sainteté, voulant aussi faire participer à cette faveur les fidèles, prêtres ou laïques, que la Révolution avait jetés sur la terre d'exil, décréta qu'ils auraient également la faculté de gagner le jubilé à l'étranger, à la seule condition d'accomplir les œuvres de piété qui étaient en leur pouvoir.

Mgr de Galard, avons-nous dit, s'était réfugié en Suisse. Mais il avait laissé, dans son diocèse, un digne représentant dans la personne de M. de

Rachat, curé de Tence, dont la foi vive ne faillit jamais, et qui a laissé après lui une mémoire vénérée. Celui-ci déploya le zèle le plus actif pour répandre, parmi les fidèles et les prêtres échappés au glaive révolutionnaire, la connaissance du Bref de Pie VI. La persécution, au lieu d'éteindre la foi, l'avait ravivée dans bien des âmes, et il y en eût beaucoup, qui, à l'occasion du Jubilé, surent tromper la vigilance et déjouer le mauvais vouloir des persécuteurs de la religion.

Cependant le régime révolutionnaire était tombé victime de ses propres fureurs. Un nouvel ordre de choses s'était établi ; un immense besoin de concorde et d'apaisement se manifestait de toutes parts. Bonaparte, en homme de génie qu'il était, comprit qu'il ne pouvait régner sur la France qu'autant que la Société serait replacée sur ses bases religieuses. Par un traité avec le Souverain-Pontife, il rétablit donc la religion catholique en France, et réorganisa le culte aboli par la Révolution.

Hélas, une grande épreuve était réservée à ce sujet à notre chère Eglise du Puy. Pour des motifs d'intérêt supérieur, Pie VII usant de la plénitude de sa puissance spirituelle, anéantit les 135 sièges épiscopaux de l'ancienne France ecclésiastique, et créa, à leur place, par un concordat, soixante nouveaux sièges partagés entre dix métropoles.

Dans cette nouvelle circonscription des diocèses, celui du Puy fut complètement supprimé et se trouva englobé dans l'évêché de Saint-Flour. C'était là une suppression aussi étrange que malheureuse, contre laquelle tout le Velay protesta; mais dans la discussion qui eût lieu à cet effet, le corps législatif, tout imbu encore de principes révolutionnaires et de sentiments anti-religieux, déclara cyniquement vouloir détruire ainsi le foyer de superstition et de fanatisme dont le pèlerinage de Notre-Dame du Puy, disait-il, avait été la cause non seulement pour le Velay, mais pour toutes les populations du centre de la France.

Pauvres législateurs ! Leur décision si préjudiciable à notre grand pèlerinage, dura jusqu'à ce qu'un décret réparateur vint, sous la Restauration, reconstituer, en l'agrandissant, l'ancien diocèse de Notre-Dame du Puy.

Eclipsée un moment par le désastre des circonstances, la gloire du sanctuaire auguste de Marie devait, au bout de quarante-cinq ans, se ranimer et jeter au loin une nouvelle splendeur. Le vingt-quatrième jubilé arriva avec l'année 1842, sous l'épiscopat de Mgr Darcimoles. Depuis la Révolution, c'est-à-dire depuis un demi-siècle, d'autres lois, d'autres mœurs, d'autres tendances avaient remplacé les lois, les mœurs, les tendances anciennes. Il était à craindre que les grandes solennités de l'Eglise angélique ne se ressentissent d'un changement aussi profond ; mais il n'en fut rien. Le dix-neuvième siècle, si différent sous tant d'autres rapports des siècles précédents, a amené la même foule aux pieds de la Vierge du Mont-Anis. A ce premier Jubilé on ne compta pas moins de 150,000 pèlerins.

Celui qui fut célébré en 1853 (le 25ᵉ) fut bien plus brillant encore. Quoiqu'il se présentât après deux Jubilés consécutifs dont avait joui la chrétienté tout entière, et qu'il s'ouvrit par un temps tellement rigoureux, que les voies restèrent complètement interceptées durant quatre à cinq jours. Il fallut se frayer, à travers les neiges et les frimas, des chemins par lesquels il n'y avait que la confiance en Marie qui pût oser s'aventurer. Toutes les paroisses du diocèse étaient invitées : chacune avait son jour ; ni glaces, ni neiges, ni fatigues, ni dangers ne purent les arrêter. Aucune ne fit défaut.

Il y eut des paroisses qui, pour être fidèles au pieux rendez-vous du Jubilé, furent obligées, tant la neige obstruait les chemins, de faire premièrement marcher devant eux les bœufs de leurs étables. On lançait ces nouveaux pionniers dans les montagnes de neige amoncelées sur la route. Puis on faisait venir après eux tous les moutons que l'on avait pu rassembler dans le pays, et le piétinement de ces animaux finissait par tracer un chemin praticable. Alors les hommes achevaient ce que les animaux avaient commencé. Les femmes s'avançaient ensuite, et les petits enfants fermaient la marche de ces courageuses caravanes. Il y en eut qui descendirent ainsi de 1,359 mètres d'altitude.

Jamais, aux plus beaux âges du christianisme, l'affluence des pèlerins n'avait été plus considérable. Les calculs qui en furent faits en portent le nombre à 300,000 environ. La veille de la clôture, la ville ne renfermait pas moins de 80,000 étrangers. L'administration fut sérieusement inquiète de tant d'encombrement. Les hôtelleries, les maisons, les granges, tout regorgeait de pèlerins. Il fallut, cette nuit et la nuit suivante, tenir les églises ouvertes, pour donner un abri à ceux qui n'avaient pu en trouver ailleurs.

Enfin un vingt-sixième et dernier Jubilé eut lieu en 1864, sous l'épiscopat de Mgr Le Breton. Il vit se reproduire le même ébranlement de peuples et la même affluence de fidèles. Ce fut par centaines de mille que l'on compta les pèlerins accourus au Puy de l'Orient, de l'Occident, du Midi et de l'Aquilon. Parmi les assistants qui sont ici, beaucoup se souviennent encore avec émotion de ces jours inoubliables de grâce et de salut.

Jours d'allégresse et de bénédiction ! Puisse votre souvenir rester toujours vivant dans notre cœur ! Puissiez-vous aussi revivre pour chacun de nous au futur Jubilé de 1910.

PRIÈRE

Notre-Dame du Puy, priez pour nous !

O Marie, le dix-neuvième siècle, qui a abusé de tant de grâces, a été condamné à s'éteindre tristement sans revoir, avant de mourir, les splendeurs et les consolations de vos salutaires jubilés !... mais le vingtième siècle sera béni par vous, dès son aurore, ô Vierge sainte, et votre vingt-septième Jubilé s'épanouira joyeusement avec l'année 1910. Heureux ceux d'entre nous qui vivront jusque-là ! Heureux ceux à qui il sera donné de profiter de cette grâce dont le monde aura été privé pendant quarante-six ans ! Puissent les jours mauvais de l'anticléricalisme et de la Révolution n'être plus alors qu'un lointain souvenir ! Mais en attendant, aimons et servons de tout notre cœur Notre-Dame du Puy, n'attendons pas le retour de ses jubilés pour lui témoigner notre dévotion et notre amour. La Reine du Mont-Anis est toujours en permanence sur son trône pour accueillir nos hommages et nos prières. Tous les temps lui sont bons pour dispenser ses grâces à ses serviteurs, et son sanctuaire renferme pour ceux qui viennent y prier un trésor toujours ouvert et toujours inépuisable de bénédictions spirituelles et temporelles. Sachons donc en profiter. Souvenons-nous qu'en aucun lieu du monde, Marie ne s'est montrée, jusqu'à présent, aussi bonne et aussi secourable aux chrétiens, qu'en sa vieille basilique du Velay. Gravissons souvent avec foi les degrés de son auguste temple ; venons souvent nous agenouiller sur le seuil de cette chambre angélique, témoin de tant de miracles et où se sont opérées tant de merveilles ; et là, contemplons et prions, comme nos pères, celle qui fut, à travers les siècles, leur bienfaitrice et leur mère. Comme eux nous puiserons, dans cette contemplation et dans cette prière, bien des joies et des consolations dans nos épreuves, de bonnes résolutions pour vivre plus saintement, de salutaires inspirations aux heures d'incertitudes et d'angoisses, en un mot d'abondantes faveurs pour le temps et pour l'éternité.

Reine du Mont-Anis, Notre-Dame du Puy, faites qu'il en soit ainsi pour chacun de nous ! Ainsi soit-il.

Salve Regina!

CHAPITRE DOUZIÈME

Les Papes et Notre-Dame du Puy.

TOUTES les gloires semblent avoir été réservées au sanctuaire de Notre-Dame du Puy. Aucun hommage ne lui a fait défaut, depuis celui des peuples de tous les pays d'Europe, jusqu'à celui des rois de France et des Souverains Pontifes. Six Papes, en effet, sont venus en pèlerinage au Mont-Anis. Il y a là de glorieux souvenirs à évoquer, en l'honneur de Celle pour qui nous écrivons. C'est pourquoi nous avons voulu les rappeler dans un chapitre à part.

Lorsqu'en 1095 le pape Urbain II voulut délivrer la Terre sainte du joug des musulmans, il convoqua d'abord un concile au cœur même de la France, cette terre du dévouement et de la foi. Le projet du Pape français, disent nos chroniqueurs, était de planter la bannière pontificale sur la vénérable basilique de Notre-Dame du Puy, que son pèlerinage avait rendue célèbre dans toute la chrétienté et de sonner, du haut de la tour Saint-Mayol, le beffroi d'alarme qui devait soulever l'Europe entière.

Urbain II vint en effet au Puy, le 14 août 1095. Il arriva aux portes de la ville, suivi des archevêques de Lyon, de Bourges, de Bordeaux et des évêques de Cahors, de Clermont et de Grenoble.

L'évêque du Puy, Adhémar du Monteil, un des futurs héros de la sainte Croisade, l'introduisit dans l'église angélique, par une porte que l'on pratiqua, à cette occasion, du côté du For, et que, par respect pour le Vicaire de Jésus-Christ, on mura sur-le-champ, pour qu'elle ne s'ouvrît que devant les Papes, ses successeurs. Urbain y célébra avec pompe, la fête de l'Assomption, et passa presque toute la journée au pied de l'autel de Marie, recommandant à Notre-Dame du Puy, et plaçant sous son puissant patronage l'entreprise formidable qu'il avait conçue pour la délivrance des saints Lieux.

Malheureusement, la ville lui parut trop petite, et ses abords trop rudes et trop difficiles pour y tenir commodément les grandes assises préparatoires à la prise d'armes contre les Turcs. Le concile fut donc définitivement convoqué et réuni à Clermont, dans la Limagne, au milieu de la plus vaste et de la plus magnifique plaine d'Auvergne. Il y vint treize archevêques, quatre-vingt douze évêques, deux cent cinq abbés et une foule immense de gentilhommes et de peuple. Là, du moins, quel que fut le nombre, on pouvait se compter ; tandis que les multitudes accourues au Puy du Nord et du Midi, se seraient disséminées sans contact à travers les sinueuses et étroites vallées que domine le Mont-Anis. Toutefois, et comme témoignage de la pensée et du désir qu'il avait eus de tenir le Concile dans la capitale du Velay, Urbain II data du Puy même la lettre qui convoquait le Concile à Clermont. De plus, il choisit, pour son vicaire général et pour chef spirituel de la Croisade, notre évêque Adhémar du Monteil, qui se croisa généreusement le premier, avec quatre cents de ses diocésains.

Tel est le glorieux souvenir qui est resté attaché à la visite du premier Pape, venu en pèlerinage à Notre-Dame du Puy. L'histoire, qui procède par grands aspects, n'a tenu compte que du Concile de Clermont, des résolutions qui y furent prises, des scènes grandioses et des frémissements d'enthousiasme et de soulèvement universels dont il fut le théâtre ; mais une bonne et large part de cette gloire revient à notre ville, où la croisade naquit en réalité, se trama, s'organisa et reçut sa première exécution.

Le second Pape qui vint en dévotion au Puy Sainte-Marie, fut Pascal II. Ce Pape qui fit en France un séjour d'environ huit mois, se trouvait au Puy le 14 juillet 1107. Il confirma, par une Bulle, le privilège d'exemption, par lequel ses prédécesseurs, Sylvestre II et Léon IX, avaient mis l'Eglise du Puy sous l'autorité immédiate du Saint-Siège, faveur qui montre bien en quelle estime les Souverains-Pontifes tenaient le sanctuaire du Mont-Anis.

Le troisième Pape qui visita notre célèbre pèlerinage fut Gélase II, 1118. Obligé de quitter l'Italie, à raison des différents survenus entre lui et l'empereur Henri V, au sujet des investitures, ce Pape se réfugia en France, la terre hospitalière des pontifes romains persécutés. Il débarqua à Saint-Gilles sur le Rhône, et vint ensuite d'Alais au Puy, d'où, après avoir passé par différentes villes des pays voisins, il arriva enfin à l'abbaye de Cluny où il mourut.

L'année suivante, 1119, son successeur, Caliste II, vint également en pèlerinage à Notre-Dame du Puy, et s'empressa, aussitôt après son couronnement, de venir mettre son pontificat sous la protection de la puissante Reine du Mont-Anis.

En 1130, Innocent II, forcé par les intrigues de l'antipape Pierre de Léon, à passer la mer avec une suite peu nombreuse, se rendit à son tour au sanctuaire angélique du Mont-Anis, pour supplier la glorieuse patronne qui y préside, de mettre un terme aux divisions de l'Eglise. C'était, d'ailleurs, au Puy que s'étaient réunis, peu de temps auparavant, les évêques d'au-delà de la Loire, pour examiner lequel des deux prétendants devait être canoniquement reconnu comme Pape. Et tandis que saint Bernard faisait proclamer, à Etampes, Innocent, comme véritable pasteur des fidèles, saint Hugues, évêque de Grenoble, lui faisait, par son autorité, décerner dans la capitale du Velay, le même titre et la même obéissance. A son approche, toute la ville s'empressa de voler à sa rencontre. Rien ne fut oublié de ce qui pouvait l'assurer du respect et du dévouement dus à sa haute dignité. La porte papale s'ouvrit devant lui, et Ponce de Tournon, qui occupait alors le siège du Puy, sans avoir égard à la médiocrité de vie qu'il s'était imposée, et malgré la faiblesse de son grand âge, proportionna ses dépenses à la grandeur du noble pèlerin, qu'il avait le bonheur de posséder dans son palais.

Alexandre III ne se montra pas moins jaloux de rendre à Marie ses hommages dans le sanctuaire consacré par les Anges. Contraint à fuir devant l'antipape Victor et devant les armes de l'empereur Frédéric Barberousse, il vint lui aussi chercher un refuge en France. Parti de Montpellier, au mois de juillet, pour aller tenir un Concile à Clermont, il voulut auparavant révérer dans le Velay le célèbre temple du Mont-Anis. On alla le prendre en procession à une demi-lieue de la ville. Il était en rochet et en camail, monté sur une haquenée blanche et suivi de sept cardinaux et de quelques évêques, montés également sur des mules et revêtus de la chape romaine. La multitude se prosternait à terre sur son passage ; chacun ambitionnait l'honneur de l'approcher et de toucher ses vêtements. On se pressait, on se précipitait en quelque sorte sur lui. Ces marques de zèle et de dévotion faisaient palpiter son cœur paternel. Il s'arrêtait pour donner à tous sa bénédiction ; il se laissait environner de la foule, sans permettre qu'on la repoussât pour faciliter son passage. Introduit par la porte papale dans le sanctuaire, il y resta plus d'une heure en oraison, et, durant trois jours qu'il demeura dans le pays, il ne manqua pas de célébrer tous les matins les saints Mystères, et de se rendre ensuite avec exactitude à l'office des Vêpres et des Matines. Pierre IV, évêque du Puy, le reçut dans son évêché et le traita avec une juste magnificence. Mais le pieux Pontife l'obligea à retrancher ce qu'il regardait comme un excès et à se renfermer dans les bornes d'une simplicité plus évangélique. C'était au mois d'août 1162 qu'Alexandre III avait offert à Marie ses respectueux hommages. Trois ans après, au mois de juin 1165, il revenait encore épancher son cœur aux pieds de cette sainte patronne, et lui recommander son retour dans la capitale du monde chrétien qui allait bientôt revoir son véritable pasteur.

Ainsi, six Papes sont venus en pèlerinage à Notre-Dame du Puy. La renommée sans égale de l'église du Mont-Anis, explique seule ces pèlerinages des Souverains-Pontifes. C'est qu'ils savaient, en effet, que Marie n'avait pas un pareil sanctuaire dans toute la chrétienté. Dès le milieu du onzième siècle, un de leurs prédécesseurs, le saint Pape Léon IX, l'avait déjà hautement constaté : « Nulle part, dit-il, dans une Bulle restée célèbre, nulle part, dans aucun autre de ses sanctuaires, la très sainte Vierge ne reçoit un culte plus spécial et plus filial de respect, d'amour et de vénération que celui que les fidèles de la France entière lui rendent dans cette église du Mont-Anis, autrement dite du Velay ou du Puy-Sainte-Marie (1). »

Quel titre de gloire pour notre pèlerinage que cette parole de Léon IX, et combien le P. Odo de Gissey avait raison de s'écrier, dans son histoire, « que parmi les sanctuaires dédiés à la sainte

---

(1) Voici les paroles de la Bulle de Léon IX : « *In hac ecclesia Aniciensi, quæ et Velanensis seu podium sanctæ Mariæ dicitur, specialius ac præcordius præ cæteris ecclesiis sibi dicatis, colitur, amatur, veneratur memoria Beatæ Mariæ Virginis, a cunctis qui circumquaque universa morantur in Gallia.* »

Vierge, celui de Notre-Dame du Puy était le plus privilégié de tous ! »

PRIÈRE

Notre-Dame du Puy, qui au treizième siècle avez donné un Pape à l'Église dans la personne de Clément IV, priez pour le Pape Léon XIII, actuellement régnant ! Sainte Mère de Dieu, votre amour, et celui de la Papauté, vont de pair et sont inséparables dans le cœur de vos enfants. En effet, le Souverain-Pontife est ici-bas le représentant de Notre-Seigneur Jésus-Christ ; et de même, ô Marie, que ceux qui vous aiment véritablement ne séparent point dans leur affection Jésus-Christ de sa sainte Mère, de même ils doivent étendre l'amour qu'ils vous portent jusqu'à la personne auguste de celui qui tient ici-bas la place de votre divin Fils. Voilà pourquoi nos aïeux reçurent avec tant d'enthousiasme et de vénération les six Papes que la renommée de votre sanctuaire conduisit au Mont-Anis.

Voilà pourquoi aussi, ô Marie, nous inspirant de la grande dévotion de nos Pères pour le Saint-Siège apostolique, nous vous adressons aujourd'hui de tout notre cœur une ardente prière pour le Souverain-Pontife. Injustement dépossédée du patrimoine de saint Pierre, que Pépin et Charlemagne lui avaient pieusement constitué avec l'épée de la France, la Papauté, de nos jours, se voit battue en brèche de toutes parts et se trouve livrée, sans aucun secours humain, à tous les assauts de l'impiété. O Marie, étendez votre toute puissante protection sur celui que votre divin Fils a élu pour son lieutenant sur la terre. Assistez-le dans ses luttes et ses combats; soutenez-le dans ses épreuves; mettez un terme en particulier aux douloureuses afflictions que la France, en ce moment, cause au cœur paternel de Léon XIII, et ne permettez pas que notre patrie soit plus longtemps infidèle à son titre de fille aînée de l'Eglise. Rendez enfin la Papauté victorieuse de ces hommes de ténèbres, qui s'efforcent de la renverser, parce qu'elle est le candélabre sacré qui porte et qui présente aux regards de tous, la lumière même du monde! Faites, ô Marie, que toutes les intelligences s'éclairent à cette grande lumière du ciel, que toutes les âmes se réchauffent à ce feu sacré et que l'Eglise répande ses bienfaits sur tous les peuples qui vivent sous le soleil. En un mot, que la sainte Eglise triomphe, et ce sera la justice! qu'elle règne, et ce sera la paix! qu'elle gouverne, et ce sera l'amour! Oui, qu'elle triomphe, règne et gouverne, en tout lieu, qu'il n'y ait plus désormais qu'un seul troupeau, un seul bercail, un seul pasteur, et ce sera le bonheur retrouvé et comme le Paradis reconquis sur la terre. Ainsi-soit-il.

Notre-Dame du Puy, priez pour nous!

Salve Regina!

CHAPITRE TREIZIÈME

Comment Adhémar du Monteil, évêque du Puy, institua en l'honneur de Notre-Dame le Salve Regina.

ADHÉMAR du Monteil est l'une des plus grandes figures de l'épiscopat anicien. C'est aussi l'un des personnages qui ont le plus aimé et honoré Notre-Dame du Puy. La maison des seigneurs de Monteil, du nom d'Aymard ou d'Adhémar, est fort ancienne, et peut prendre rang parmi les plus illustres du Dauphiné. Elle subsistait déjà avec éclat, sous le règne de Charlemagne, puisque vers 814, cet empereur établit duc de Gênes, un de ses membres, Hugues Adhémar, pour le récompenser d'avoir expulsé les Sarrasins de l'île de Corse. Cette famille était donc puissante, dès le neuvième siècle. Une de ses principales branches possédait en apanage, et avait pour siège la ville et seigneurie de Monteil. De là le nom de Monteil-Aymard ou Montélimart, donné depuis à cette ville. C'est à cette branche qu'appartient notre Adhémar, évêque du Puy.

L'élévation de ce Pontife à l'évêché du Velay, eut lieu vers 1080. Nous avons vu, hier, comment le Pape Urbain II, traversant les Alpes en 1095, s'était dirigé, par Valence, vers le Puy-Sainte-Marie, afin d'y réunir le Concile sous les auspices de Notre-Dame, et d'en appeler à toute la chrétienté pour la délivrance de la Terre sainte. Grande fut la joie dans tous les cœurs vellaviens, quand cette nouvelle se répandit dans notre pays. Grand fut le nombre des pèlerins qui voulurent visiter le sanctuaire angélique, à la fête du mois d'août, lorsqu'on sut la prochaine arrivée du Pontife et la cause de son voyage. Tout ce qu'il y avait de cœurs nobles et généreux dans la province, désirait voir le Pape et entendre ses paroles. Au jour fixé, de chaque manoir féodal comme de chaque village, par les grandes routes et par les rudes sentiers qui conduisaient à la cité d'Anis, accoururent, avec les habitants des campagnes, les châtelains suivis de leurs dames, de leurs enfants et de leurs vassaux.

Nous avons dit avec quelle pompe Adhémar reçut le Souverain-Pontife, et comment celui-ci, après avoir pris connaissance de la ville, la trouva trop petite, hélas ! pour y tenir commodément les grandes assises préliminaires de la Croisade. Le Concile fut donc convoqué à Clermont, où Adhémar se rendit avec un grand nombre de ses diocésains. Là, au milieu d'un auditoire immense et d'un silence profond, le Pape, d'une voie émue, fit une peinture aussi vive que touchante des outrages que les Musulmans, détenteurs et profanateurs des Lieux saints, faisaient subir aux pèlerins et aux sanctuaires de la Palestine. Puis, s'adressant au cœur toujours si noble et si généreux du peuple Français : « Armez-vous donc, mes chers fils, s'écria-t-il, armez-vous du zèle de Dieu ! marchez au secours de vos frères, et le Seigneur sera avec vous ! Tournez contre l'ennemi du nom chrétien, les armes que vous employez injustement les uns contre les autres. Rachetez, par ce service si agréable à Dieu, les crimes qui excluent de son royaume, et obtenez-en, par là, le pardon. Pour nous, plein de confiance en la miséricorde de Dieu et en l'autorité de saint Pierre, nous remettons toute pénitence à ceux qui prendront les armes contre les infidèles, et nous promettons l'éternelle récompense et les infinies bénédictions de Dieu à tous ceux qui combattront pour la délivrance de la Terre sainte ! »

A ces mots, une immense acclamation s'élève du sein de la foule : « Dieu le veult ! Dieu le veult ! » s'écrie-t-on de toutes parts. Et le Pape regardant le ciel : « Oui, Dieu le veult, dit-il ; allez ! et que ce soit là votre cri de guerre ! »

A ce moment, un évêque vient se jeter aux pieds du Souverain-Pontife, et demande humblement, le premier, la croix d'étoffe rouge qui devait servir de signe de distinction aux Croisés. Cet évêque, c'est Adhémar du Monteil. Le Pape lui impose la croix de sa propre main, et l'institue solennellement son légat en Orient et le chef ecclésiastique de la Croisade. L'exemple d'Ahémar est comme une étincelle électrique qui se communique à toute l'assistance. Tous veulent partir, tous ambitionnent l'honneur d'aller combattre les infidèles. Le nombre de ceux qui réclament les croix d'enrôlement est si grand, que toutes les étoffes rouges de la ville furent bientôt complètement épuisées.

Le *Tasse* nous apprend, dans son immortel poème de la Jérusalem délivrée, que la ville du Puy, à elle seule, ne fournit pas moins de quatre cents guerriers à la Croisade.

Quatro cento guerrier... di Pogio.

Quant aux autres Croisés vellaviens, il n'y en eut pas moins de quatre à cinq mille, disent un grand nombre d'historiens. Souvenir à jamais glorieux pour le diocèse et la ville du **Puy-Sainte-Marie** !

Or, c'est à l'occasion du départ de ces guerriers pour la Terre sainte, que l'évêque du Puy composa l'hymne magnifique, connu sous le nom de *Salve Regina*. On a émis beaucoup d'opinions différentes sur l'auteur de cette admirable prière. Mais il résulte de l'étude approfondie de cette question que c'est bien véritablement l'évêque du Puy, Adhémar du Monteil, qui composa cet hymne pour en faire le chant de guerre des Croisés. Voilà pourquoi, dès le douzième et treizième siècle, cette sublime invocation était généralement connue sous le nom d'Antienne du Puy, *Antiphona de Podio*. Saint Bernard lui-même ne l'appelait pas autrement lorsqu'il en parlait, en 1130, à un abbé de Dijon. On croit, et il est probable, que cette Antienne fut chantée, pour la première fois, lorsque Adhémar, avant de partir, réunit dans sa cathédrale, aux pieds de Notre-Dame, tous ceux de ces valeureux diocésains qui avaient pris la croix. Ce n'est pas sans émotion religieuse et sans fierté patriotique, que l'on se figure ces quatre à cinq mille guerriers vellaviens, inaugurant, sous les voûtes sombres de la basilique Anicienne, ce cantique admirable, qu'un élan de saint enthousiasme avait fait jaillir du cœur de leur Evêque, et où leur âme trouvait, magnifiquement rendus, les sentiments d'amour et de vénération qu'ils professaient tous pour la Mère de Dieu, Notre-Dame du Puy. Avec quelle ardente foi et quelle pieuse énergie toutes ces voix mâles et fortes durent lancer vers le ciel les supplications pressantes et les touchantes invocation dont se compose le *Salve Regina*. Les anges du Paradis durent certainement applaudir à ce magnifique et formidable concert, et Marie, du haut du ciel, dut bénir tous ces valeureux enfants du Velay. Quoiqu'il en soit de l'inauguration de ce chant, l'historien Darras dit que le *Salve Regina* fut chanté, au moment du départ, par les cent mille Croisés que Godefroy de Bouillon passa en revue, et qu'Adhémar du Monteil bénit solennellement.

Depuis lors, le *Salve Regina* est devenu célèbre. Il fait partie de la liturgie romaine, écrin magnifique dont il n'est pas la perle la moins précieuse, et la sainte Eglise, après l'avoir enchassée ainsi dans son office canonial, le récite tous les jours, depuis la Trinité jusqu'à l'Avent.

Rien de plus suave, au reste, de plus beau et de plus saintement éloquent que le texte de cette admirable prière. Composée par un saint, dit le vénérable Canisius, elle a été propagée par des saints. Son sens fécond, sa profondeur mystérieuse, sa grâce ineffable, nourrissent l'esprit, attendrissent le cœur et embrasent les âmes d'amour pour la Mère de Dieu. Saint Bonaventure, saint Bernard et plusieurs autres mystiques se sont plu à commenter cette antienne. Saint Alphonse de Liguori, dans un de ses ouvrages, en a fait une paraphrase qui fait les délices des âmes pieuses. Il est certain que cette prière renferme, pour l'âme, des trésors cachés de douceur et de consolation. Oh ! qui dira tous les apaisements, toutes les espérances, tous les baumes que cette antienne, inexprimablement belle d'Adhémar du Monteil, a versés, depuis bientôt huit siècles, dans le cœur de tous ceux qui soupirent ici-bas après le bonheur du ciel, et qui, par cette antienne, supplient Marie de leur en ouvrir la porte.

Puisse désormais cette prière monter souvent de notre cœur et de nos lèvres vers Marie, et nous attirer sa toute puissante protection.

Ainsi soit-il.

PRIÈRE

Notre-Dame du Puy, priez pour nous!

O Marie, en union avec tous les fidèles et tous les prêtres de l'Univers, nous réciterons, chaque jour, de tout notre cœur, conformément à la prescription du glorieux Pape Léon XIII, la belle prière antienne du *Salve Regina*. La pensée qu'a eue le Souverain Pontife d'en faire désormais la prière quotidienne, obligatoire et universelle de toutes les églises du monde catholique, les trois cents jours d'indulgence qu'il a daigné attacher à la récitation de cette antienne, prouvent bien l'efficacité et l'importance de cette sublime invocation. — Nous la réciterons donc dorénavant aux intentions marquées par Notre-Saint-Père le Pape.

O Marie, au milieu des maux si graves qui nous assiègent, et en prévision des maux plus graves encore qui nous menacent, daignez écouter la touchante supplication que fait monter vers vous l'Eglise Catholique tout entière. Sainte Mère de Dieu, que cet immense concert de louanges, résultant de la récitation universelle du *Salve Regina*, dispose favorablement votre cœur à intercéder auprès de Jésus pour vos enfants de la terre! ô Marie, nous vous invoquons à genoux : venez au secours de la sainte Eglise qui vous prie par notre bouche! comme au onzième siècle, que l'hymne d'Adhémar du Monteil soit le chant pacifique de la nouvelle croisade qui s'impose aujourd'hui à tous les fidèles, la croisade contre le démon et les suppôts du démon! qu'à l'exemple de ses vénérables prédécesseurs Gélase II, Innocent II et Alexandre III qui, dans la persécution dont ils étaient victimes, vinrent au Mont-Anis, se recommander à Notre-Dame par la prière anicienne du *Salve Regina*, l'auguste Pontife actuellement régnant, le Pape Léon XIII, ressente lui aussi les grâces salutaires et les douces influences qui découlent de l'antienne du Puy ; et qu'enfin, du Pasteur suprême, ces grâces et ces influences rejaillissent également sur le troupeau tout entier. Ainsi soit-il.

Notre-Dame du Puy, priez pour nous!

Salve Regina!

CHAPITRE QUATORZIÈME

Notre-Dame du Puy et l'Ordre de Saint-Dominique.

C'ÉTAIT au commencement du treizième siècle : la secte impie des Albigeois infectait la France et l'Italie. Non contents d'altérer la pureté de la morale, ces hérétiques attaquaient les dogmes, défiguraient nos augustes mystères, et tournaient en ridicule les saintes cérémonies du culte public. Ils osèrent porter leur fanatisme jusqu'à vouloir anéantir le saint sacrifice et abolir les sacrements. L'humanité sainte et la divinité de Jésus-Christ ne trouvèrent pas grâce devant eux, et il n'est pas de blasphèmes qu'ils ne proférassent contre l'honneur et les prérogatives de la sainte Vierge. Dans cette seule hérésie des Albigeois, toutes les hérésies semblaient revivre.

On assistait véritablement au triomphe de l'enfer. L'erreur se répandait partout comme le feu d'un incendie. Le vice accrédité, la vertu outragée, les sacrements profanés, le sacerdoce décrié, le zèle calomnié, les temples démolis, tels étaient les trophées de l'hérésie. L'Eglise gémissait nuit et jour aux pieds des autels, elle réclamait de Dieu ses anciennes miséricordes, et le conjurait de prouver à l'univers que son bras puissant n'était pas raccourci. Les Pontifes consternés employaient, mais en vain, toutes sortes de moyens pour trouver un remède efficace à des maux si déplorables.

Tout à coup, au milieu de l'orage, paraît saint Dominique, un de ces hommes extraordinaires que Dieu tient en réserve dans les conseils de sa providence, pour les opposer, comme un mur d'airain, aux passions révoltées. Ce héros de la foi, n'étant encore que chanoine régulier de l'église d'Osma, vint d'Espagne en France, pour travailler à extirper l'abominable hérésie qui désolait alors plus particulièrement la province de Languedoc. Armé de la seule confiance en Marie et de la bénédiction du Souverain-Pontife, Dominique entreprit résolument l'œuvre de la conversion des hérétiques. Mais n'obtenant pas d'abord tout le résultat et tout le fruit que son zèle était en droit d'attendre, notre saint s'en vint en pèlerinage au célèbre sanctuaire de Notre-Dame du Puy, afin de recommander à la sainte Vierge le succès de sa mission. Ce n'est pas en vain qu'on implore celle qui a reçu de Dieu le pouvoir de détruire toutes les hérésies. Pendant qu'il était en prière dans la cathédrale, et qu'il épanchait son âme aux pieds de Marie, la suppliant avec larmes de vouloir bien bénir son ministère, la sainte Vierge apparut soudain à Dominique : elle lui fit comprendre la nécessité de la patience; elle lui rappela toutes les humiliations et toutes les souffrances de son divin Fils pour le salut des hommes ; elle lui dit que l'Eglise ne succomberait pas sous les efforts de l'enfer, que ses travaux ne seraient pas stériles, mais que les grâces n'étaient accordées qu'à la persévérance. Puis elle ajouta : « Si vous voulez arrêter le débordement des maux qui affligent en ce moment une portion notable de la sainte Eglise, prêchez sans relâche, aux pauvres égarés, les mystères de leur rédemption, et amenez-les à les méditer, car tout le mal actuel vient de l'ignorance et de l'oubli des vérités de la foi ! » Elle l'engagea dans ce but à établir partout le Rosaire, qui est le rappel constant des grands mystères de notre salut, l'assurant que, de même que la salutation angélique avait été le principe de la rédemption du monde, ainsi cette salutation serait le principe de la conversion des hérétiques. « C'est là, ajouta-t-elle, le gage que je vous donne à vous et à l'ordre dont vous serez bientôt le fondateur, et je vous le donne pour vous témoigner mon affection spéciale. »

Saint Dominique obéit avec joie à cette recommandation de Marie. Guidée par elle, il prend pour symbole le Rosaire, formé de trois chapelets ou de quinze dizaines, y applique autant de mystères, et les prêche désormais, dans toutes ses missions, avec une éloquence irrésistible. Cette méthode lui réussit si admirablement, qu'en peu de temps il fit rentrer dans le sein de l'Eglise plus de cent mille âmes égarées. Telle fut l'origine du Rosaire.

Saint Dominique vint deux fois au Puy, et y établit lui-même ses religieux dans le mois d'octobre 1221. L'évêque Etienne de Chalencon et son chapitre, leur abandonnèrent l'église de Saint-Laurent, le petit hôpital des pèlerins de Notre-Dame et quelques possessions contiguës. L'église était paroissiale : on supprima la paroisse et on l'annexa partie à Saint-Georges, et partie à Saint-Pierre du Monastier. Le couvent qu'on y bâtit était vaste et beau ; il tenait en France le second rang parmi les maisons de l'Ordre. C'est pourquoi, dans toutes les assemblées, le prieur du Puy avait le privilège de s'asseoir à la gauche du général, tandis que le prieur de Montpellier occupait la droite. La renommée de ce monastère était si grande, que le chapitre général s'y assembla trois fois. A celui de 1447 il ne se trouva pas moins de 1,800 religieux qui furent libéralement hébergés, pendant six jours, par Louis Armand de Chalencon, vicomte de Polignac, qui leur distribua de plus, à chacun, une aumône assez forte au moment de leur départ. Odo de Gissey, qui raconte ce trait, ajoute : « Confraternité y fut contractée entre eux tous et l'Eglise du Puy, se communiquant respectueusement, à perpétuité, les oraisons et bonnes œuvres des uns aux autres. »

Ce couvent des Dominicains de Saint-Laurent fut une véritable pépinière de saints et savants religieux. Au treizième siècle, on y voyait fleurir, sous l'égide maternelle de Notre-Dame du Puy, deux fleurs de sainteté dans la personne des vénérables frères Rome Cathelan et Guillaume. Le premier, mort en 1260, aimait tant la sainte Vierge, qu'il avait coutume, en son honneur, de réciter, mille fois chaque jour, la salutation angélique. Aussi son corps, exhumé de terre après cent vingt ans, fut-il trouvé sans corruption et dans un état d'intégrité qui attestait bien son innocence. Quant au frère Guillaume, dont la fin arriva en 1270, il mérita par sa ferveur, de voir, à l'heure de son trépas, une troupe d'anges qui l'attendaient pour le porter en Paradis.

Mais le plus illustre et le plus saint des enfants de saint Dominique, que le couvent du Puy abrita dans son cloître, fut le grand saint Vincent Ferrier. Saint Vincent Ferrier est le type du missionnaire espagnol, un véritable conquérant d'âmes et le précurseur de saint François-Xavier. **Né à Valence, le pays du Cid (*Valentia del Cid*),** il évangélisa tout le continent européen et vint mourir à Vannes qui garde encore ses reliques dans une châsse magnifique. Notre-Dame du Puy ne pouvait manquer d'attirer à son sanctuaire ce zélé serviteur de son Fils. Saint Vincent arriva, en effet, dans notre cité le 3 octobre 1416, à l'heure des premières vêpres de saint François-d'Assise. Devant lui marchaient, nu-pieds et deux à deux, une centaine de religieux, revêtus de sacs de pénitence et précédés de la croix. Le saint suivait sur une mule, à cause de son grand âge et de ses infirmités. Après avoir visité la Vierge du Mont-Anis, ils descendirent au couvent des Dominicains où ils furent tous logés. Le lendemain, jour de la fête de saint François, on dressa, sur une estrade, un autel, au fond de la grande prairie du Breuil, près le mur du couvent des Cordeliers, afin que le saint pu dire la messe et prêcher à tout le peuple. L'illustre dominicain y prêcha, pendant quinze jours, avec toute la liberté d'un apôtre et toute l'ardeur d'une âme enflammée de l'amour de Dieu. Pour se faire comprendre de tous ses auditeurs, il usait, dans ses prédications, de la langue vulgaire, c'est-à-dire du roman, qui était l'idiome usité depuis Poitiers jusqu'au fond de la Catalogne, depuis les extrémités de l'Aquitaine française jusqu'aux marches d'Espagne. Les plus illettrés des habitants du Puy ou des montagnes du Velay, suivaient donc aisément les instructions du saint, et en retirèrent de nombreux fruits d'édification et de salut. On venait entendre saint Vincent de dix, de quinze et même de vingt lieues. Les paroles du vieux missionnaire avaient tant d'efficacité, qu'il avait avec lui, pour entendre les confessions, un nombreux cortège de prêtres de différents Ordres, et qu'il se faisait même accompagner par des notaires, chargés de dresser, séance tenante, les actes d'accords sur les procès et les querelles des auditeurs. On peut se rendre compte, après cela, de l'émoi, de la ferveur et de l'attendrissement causés par la venue du saint dans cette ville du Puy Sainte-Marie. Heureuse ville qui, grâce à Marie, était ainsi visitée, habitée et évangélisée par des Saints !

PRIÈRE

Notre-Dame du Puy que saint Dominique et ses enfants ont tant aimée et honorée, priez pour nous !

O Marie, comment ne pas gémir en voyant les fils de saint Dominique et les religieux des autres ordres, expulsés de leur couvent et dispersés par la force comme une vulgaire association de malfaiteurs, eux qui sont cependant les bienfaiteurs de la société ! La haine de la religion peut seule expliquer de pareils attentats contre la liberté. Ceux qui s'en sont rendus coupables n'en veulent au fond qu'à la religion, et voilà pourquoi, afin de la saper dans ses fondements, ils ont commencé par renverser ces ordres religieux qui sont comme les plus solides remparts, élevés de la main de Dieu, pour la défense de son Église.

O Marie, prenez en main la cause de la religion persécutée, et venez au secours des pauvres religieux dispersés ! aidez-les dans leurs épreuves, subvenez à leurs besoins, soutenez-les dans leurs combats, vengez-les des calomnies dont on les accable, en convertissant ceux qui leur font du mal ! Surtout, ô Marie, rendez bientôt aux expulsés les couvents où ils ont juré à Dieu de vivre et de mourir ! Que l'on ne puisse plus dire, à la honte de la France, que les maisons de prière et d'étude, que les asiles sacrés de la vertu sont interdits et fermés de par la loi, alors que les théâtres, les lieux de plaisir et de débauche sont autorisés par elle.

Hélas ! jamais siècle peut-être n'eût plus besoin des exemples de renoncement et de pauvreté, d'obéissance et de chasteté que les religieux donnent au monde. O Marie, ne permettez donc pas que la France reste plus longtemps privée du bienfait de la vie religieuse ! Que les couvents, d'où la prière monte jour et nuit vers Dieu, reprennent et continuent leur œuvre éminemment morale et sociale ! qu'ils redeviennent l'asile des belles et grandes âmes, et qu'ils servent de nouveau de paratonnerres à notre coupable patrie !

Notre-Dame du Puy, priez pour les religieux expulsés ! *Amen!*

Salve Regina!

CHAPITRE QUINZIÈME

Notre-Dame du Puy et la vénérable Mère Agnès de Jésus.

DE toutes les âmes religieuses dévouées à Notre-Dame du Puy, la vénérable Mère Agnès fut certainement une de celles qui lui témoignèrent le plus d'amour et de dévotion. On en jugera par ce qui suit :

Agnès naquit au Puy, un jour de dimanche, 17 octobre 1602. Ses parents, Pierre Galand et Guillaumette Massiot, exerçaient dans notre ville l'humble profession de couteliers. Ils étaient pauvres en biens, mais riches en vertus. Agnès, instruite par leur exemple, se montra bientôt la digne fille de si vertueux parents. Elevée dans l'amour de Notre-Dame du Puy, c'est devant la statue de notre Vierge noire qu'elle conçut, encore enfant, les premiers sentiments de cette piété, qui devait l'élever dans la suite à une si haute perfection.

Dès l'âge de cinq ans, on la voyait, avec ses petites compagnes, vêtues de robes blanches, se diriger en procession vers l'église de Notre-Dame, où cette troupe enfantine et angélique accomplissait ses petites dévotions avec une admirable modestie. En vain, des esprits mal faits, prenant en mauvaise part cette ferveur naissante, voulurent-ils disperser cette innocente réunion par des menaces et des voies de fait, la violence ne découragea point cette enfant de bénédiction, qui rassembla de nouveau sa faible escorte, et l'anima si bien par l'ardeur de ses paroles, que la jalousie et la malice vaincues furent obligées de céder à sa persévérance.

A peine âgée de six ans, elle se donna à la sainte Vierge dans son temple, sans réserve et sans partage. Elle était occupée à entendre la sainte messe dans l'église de Notre-Dame, lorsque après l'élévation, elle fut saisie d'un doux ravissement, une voix se fit entendre au fond de son cœur, elle lui disait : « Rends-toi esclave de la sainte Vierge, et elle te protègera contre tes ennemis ! » Revenue, après la messe, de cette extase mystérieuse, elle se plaça devant l'autel où reposait l'image auguste de la Mère de Dieu : « Vierge sainte, lui dit-elle, puisque vous daignez vouloir que je sois à vous, dès ce moment je vous consacre tout ce que je suis, et vous promets de vous servir toute ma vie en qualité d'esclave. »

Après cet acte de consécration, elle rentre dans la maison de son père, cherche et trouve, comme par une disposition particulière de la Providence, une chaîne de fer qu'elle attache sur sa chair autour des reins, en témoignage de sa servitude. Pendant huit ans elle porta, sans le quitter, cet instrument de pénitence ; et quand au bout de huit ans, il lui fut expressément ordonné par son confesseur de le retirer, on ne put le faire sans effusion de sang.

On doit croire que ce sacrifice attira sur elle des bénédictions abondantes pour le reste de sa vie. Du reste, son exemple ne fut pas moins utile aux autres qu'à elle-même ; car plusieurs bonnes âmes furent excitées par là à s'enrôler dans la confrérie établie à ce dessein dans la basilique de Notre-Dame du Puy. Trois jours après avoir déposé, par obéissance, sa sanglante chaîne de fer, elle retourna au sanctuaire consacré par le ministère des anges, et là, poussée par un mouvement secret du Saint-Esprit, elle renouvela, entre les mains de Marie, le vœu de virginité perpétuelle qu'elle avait prononcé, peu de temps auparavant, dans l'église de Saint-François.

Sa dévotion pour Notre-Dame du Puy ne dura pas seulement pendant les années qu'elle demeura dans la ville ; mais, devenue religieuse dominicaine, et plus tard supérieure du monastère de Langeac, elle ne manquait jamais, chaque matin en se levant, d'ouvrir la fenêtre de sa petite cellule et de se mettre à genoux, la face tournée du côté du Puy, pour adresser ses hommages à la mère de Dieu, dans son église angélique du Mont-Anis. C'est ainsi que Daniel priait lui aussi, le regard tourné du côté de la ville de Jérusalem. Et tandis qu'Agnès priait ainsi, elle voyait souvent, disent ses biographes, une belle étoile scintillante étinceler comme un diamant au-dessus de la cité de Notre-Dame. Vision mystérieuse, dans laquelle Agnès voyait et saluait celle que l'Eglise appelle si poétiquement, dans les Litanies, l'Etoile du matin. *Stella matutina.*

D'autrefois, c'était la sainte Vierge elle-même qui lui apparaissait en personne, et conversait avec elle de façon à la faire défaillir de douceur et d'amour...

Ce lui était un contentement indicible de chanter les louanges de Marie. Un jour qu'elle chantait la belle antienne d'Adhémar, évêque du Puy, le *Salve Regina,* ses compagnes virent se poser sur sa tête un tout petit oiseau, qui accompagna tout le temps sœur Agnès du plus délicieux ramage qu'il soit possible d'imaginer.

Rien ne plaisait tant à Agnès que de parler ou d'entendre parler de Notre-Dame. Elle avait sans cesse sur les lèvres le nom béni de Marie ainsi que celui de son divin Fils ; ces deux noms lui étaient, selon l'expression de saint Bernard, plus doux que le miel, plus mélodieux qu'aucune harmonie, plus délicieux au cœur qu'aucune jubilation. Elle disait qu'on ne pouvait rien faire de plus agréable à la sainte Vierge que de s'entretenir de sa pureté sans tâche, de sa profonde humilité ou de l'amour ardent qu'elle avait eu pour Dieu, amour incomparablement plus grand, disait-elle, que celui des Séraphins, des Chérubins, et de tous les esprits de la cour céleste.

Un jour, Marie dit à Agnès que ses mérites lui avaient acquis une riche couronne en Paradis, et en même temps, elle lui en offrit une de roses d'une beauté admirable. Mais Agnès la refusa, disant qu'elle ne méritait point encore une telle récompense, et à la suite de ce refus, la cellule de l'humble religieuse exhala pendant plus de deux jours le plus suave parfum.

Telles étaient les tendres et ineffables relations de la Sainte Vierge Marie et de la Mère Agnès de Jésus. Cette humble enfant du Puy avait un amour tout filial pour celle qu'elle avait appris, dès sa plus tendre enfance, à aimer et à prier dans son église angélique du Mont-Anis. Elle portait jour et nuit son image sur son cœur, et son cœur, à ce contact, devint le cœur d'une sainte.

CHAPITRE QUINZIÈME

PRIÈRE

Notre-Dame du Puy, priez pour nous!

O Marie, le lys est votre symbole; et, parce que sa fleur est blanche et immaculée, elle représente la pureté dont vous êtes le plus parfait modèle et le plus sublime idéal. C'est vous en effet qui êtes le lys par excellence, le véritable lys sans tâche ; et à l'exemple de votre divin Fils, vous vous plaisez au milieu des lys, c'est-à-dire, vous aimez, comme Jésus, à vous entourer d'âmes innocentes et pures dont vous composez votre cour ici-bas comme au ciel !

O Marie, heureuses les âmes dignes de s'épanouir et de fleurir sous vos yeux comme autant de beaux lys !... Parmi ces âmes privilégiées, les religieux et les religieuses sont au premier rang. C'est pour cela sans doute, ô Marie, que vous avez fait de la terre de France la terre des lys par excellence, en y faisant naître en tout temps une prodigieuse quantité de vierges qui vous consacrent le lys de leur virginité... Chaque province française vous fournit des milliers de ces pieuses vestales, et naguère encore, la seule province du Velay en comptait à elle seule plus de quatre mille ! Cela se conçoit, car le lys enfante d'autres lys ; et c'est en France, ô Marie, que vous avez pour ainsi dire planté le lys de votre immaculée conception ; c'est en France enfin que vous l'avez fait pleinement s'épanouir en vous proclamant vous-même à Lourdes « Immaculée ! »

O Marie, bénissez les communautés religieuses que l'on attaque en ce moment d'une façon si injuste dans le monde ! Conservez à la France cette immense pépinière de saints et de saintes, si utiles à notre Patrie non seulement au point de vue surnaturel et chrétien, mais encore au point de vue national et humain. Gardez en particulier à ce diocèse du Puy qui est le vôtre, ô Marie, sa magnifique floraison de vocations religieuses; et que cette province du Velay qui vous est si chère et si dévouée, produise à profusion, comme autant de beaux lys de sainteté et de pureté, des âmes de la beauté et de la perfection de la vénérable mère Agnès de Jésus !   Ainsi soit-il.

CHAPITRE SEIZIÈME

Notre-Dame du Puy et le roi Charles VII.

IL fut un jour dans notre histoire, où, d'après la teneur des traités dûment signés, la France avait diplomatiquement cessé de s'appartenir et d'être la France. Le 21 mai 1420, les Anglais étant maîtres d'une partie du royaume, et le roi de France, Charles VI, étant devenu fou, un traité fut conclu, à Troyes, entre Henri, roi d'Angleterre, et la reine de France, Isabeau de Bavière, par lequel, à la mort de Charles VI, la France deviendrait province anglaise. La reine de France, mère et femme dénaturée, déshéritait du même coup son fils, le dauphin Charles VII, vendait sa fille en mariage au roi d'Angleterre, et livrait notre patrie à l'étranger.

C'est à ce moment critique de notre histoire nationale, que Charles VII vint pour la première fois en pèlerinage à Notre-Dame du Puy. Ce pauvre dauphin, poursuivi par la haine implacable de sa mère, trahi par la victoire, pressé par ses ennemis, abandonné des siens, refoulé jusqu'au fond des montagnes qui avoisinent la source de la

Loire, voulut remettre entre les mains de la puissante Vierge du Mont-Anis, sa cause alors presque désespérée. Tout le peuple et toute la noblesse du Puy s'étaient réunis pour le recevoir. Les consuls et les magistrats allèrent à sa rencontre, précédés de la bourgeoisie sous les armes. L'évêque du Puy, qui était alors Guillaume III de Chalencon, l'attendait avec son Chapitre, à la porte du cloître. A son entrée dans l'église, le prince baisa le crucifix qui lui fut présenté par le prélat, et reçut de lui l'eau bénite pour se marquer du signe de la Croix. Ensuite, revêtu du surplis et de l'aumusse par les soins du doyen et du prévôt, il demeura quelque temps en oraison dans le sanctuaire. Puis, comme on allait commencer le chant des premières vêpres de l'Ascension, le prince voulut y assister, dans une stalle, à côté des chanoines. Le lendemain, il entendit, à la même place, la messe pontificale chantée par l'Evêque, et communia de ses mains. Et quand le dernier évangile fut fini, il créa chevaliers le comte de Pardiac, les barons de Chalencon, d'Apchier, de Latour-Maubourg et de la Roche, ainsi que les seigneurs de Vergézac et du Roussel qui venaient de se signaler en défendant la ville contre les partisans des Anglais. Il partit le lendemain, vers les quatre heures, et les habitants, épris pour lui de la plus vive affection, l'accompagnèrent, en faisant retentir les airs des accents de leur joie et de leurs enthousiastes acclamations.

Hélas! deux ans après 1422, son père, l'infortuné Charles VI étant mort, l'odieux traité de Troyes, qui dépossédait Charles VII au profit du roi d'Angleterre, eut aussitôt son commencement d'exécution. Le roi d'Angleterre, Henri V, fut reconnu et proclamé roi de France par le Parlement et l'Université, par le premier prince du sang, Philippe-le-Bon, duc de Bourgogne, et par la reine Isabeau de Bavière. Chose incroyable et triste à dire, Paris, l'île de France, la Picardie, l'Artois, la Flandre, la Champagne, la Normandie, c'est-à-dire presque tous les pays au nord de la Loire, et la Guyenne au sud de ce fleuve, se rangèrent sous le joug de l'étranger et lui obéirent pendant plusieurs années... La cause du dauphin Charles VII semblait désespérée et presque à jamais perdue !

Dans cette extrémité, le malheureux Charles VII se souvint une seconde fois de Notre-Dame du Puy. Dès qu'il eut appris la mort de son père au château de Mehun-sur-Yèvre, en Berry, où il se trouvait alors, il accourut au sanctuaire du Mont-Anis, pour demander une seconde fois aide et protection à la Vierge Marie, en qui il avait mis toute sa confiance.

C'est alors qu'au fond des montagnes du Velay, dans le petit manoir épiscopal d'Espaly, aux portes même de la cité du Puy-Sainte-Marie, quelques chevaliers français, réunis autour du dauphin, déployèrent la bannière royale en s'écriant : « Vive le roi Charles, septième du nom, par la grâce de Dieu, roi de France ! »

A cette époque, Charles VII était un jeune homme de dix-neuf ans, faible de corps, pâle de figure, fort ami du plaisir et des chevaux, d'un caractère dont la bonté faisait le fond, mais qui paraissait alors aussi léger, qu'il fut plus tard sage et vaillant. La nationalité française étant personnifiée dans ce jeune fils de roi, si indignement exclu du trône par sa mère, tout ce qui portait un cœur vraiment français faisait des vœux pour lui.

Le jeune prince, sentant tout le besoin qu'il avait du secours d'en haut, était donc venu au Puy, implorer, avec quelques fidèles, l'aide efficace de Notre-Dame. Dans l'extrême impuissance où il se trouvait réduit, sa foi lui disait que la patronne, si célèbre de notre diocèse, était seule assez puissante pour rompre l'odieux contrat qui lui enlevait la couronne et la livrait au roi d'Angleterre, le plus mortel ennemi de la France.

La foi du roi de France ne devait pas être

trompée, mais elle devait passer auparavant par bien des épreuves.

Deux ans plus tard — janvier 1424 — après la fatale défaite de Verneuil, qui semblait consommer la ruine de la royauté et de la patrie françaises, nous voyons encore Charles VII, pour ne pas perdre toute espérance, accourir une troisième fois auprès de Notre-Dame du Puy. Il y revient pour la quatrième fois en décembre 1425, accompagné de la reine Marie d'Anjou son épouse. Il y passe alors plus de six semaines ; et, tous les jours, disent les chroniques, malgré le froid rigoureux de la saison, on voyait le jeune roi sortir du château d'Espaly qui lui servait de résidence, et gravir les hauteurs escarpées du sanctuaire du Mont-Anis, pour implorer le secours de Notre-Dame du Puy. Ah ! c'est qu'il y avait, à cette époque, grande pitié au royaume de France, et l'intervention de Marie devenait de plus en plus urgente !

Cependant l'année 1429 arriva. C'était une des années jubilaires du Puy. Par un secret pressentiment, les multitudes restées françaises, mais à bout de forces, et toutes haletantes entre les transes de la veille et les espoirs du lendemain, saluèrent partout cette année comme l'aurore de la délivrance de la patrie. Le Grand-Pardon du Puy leur apparaissait, dans leur détresse, comme le phare au milieu de la tempête. Du fond des provinces restées fidèles, tous les yeux et tous les cœurs se tournèrent avidement vers Notre-Dame du Puy, comme vers le palladium sacré de France. Le roi Charles VII lui-même, tressaillit d'espérance à l'annonce du précieux Jubilé. Le Chapitre de Notre-Dame lui avait envoyé, à cette occasion, un de ses membres, pour le prier d'intervenir auprès du Pape, afin d'obtenir la prolongation de la célèbre indulgence, et de permettre par là à plus de monde de la gagner. Charles écrivit, en effet, au Souverain-Pontife, et sur sa prière, Martin V daigna prolonger le Jubilé jusqu'au dimanche de Quasimodo.

Or, ce Jubilé de 1429 fut un pèlerinage véritablement national. Il montre bien quelle espérance le peuple et le roi de France fondaient sur Notre-Dame du Puy. De toutes les parties de la France et même de l'étranger, les fidèles se précipitèrent en foule vers ce sanctuaire où se cachait l'infini trésor des miséricordes et des grâces. Tant de confiance en Marie allait être enfin récompensée. Une intervention miraculeuse se produisit ; Jeanne d'Arc apparut, et la France fut miraculeusement sauvée.

Charles VII ne fut pas ingrat envers la sainte Vierge. Après avoir repris une à une, et réuni sous son sceptre les provinces envahies par les

Anglais, il se fit un devoir de venir remercier solennellement Notre-Dame du Puy, qui avait daigné bénir ses armes, et il vint dans son sanctuaire lui faire hommage de ses triomphes. C'était la cinquième fois que le pieux roi venait en pèlerinage au Mont-Anis. En vérité notre célèbre pèlerinage avait pris des proportions véritablement nationales, et nous démontrerons, demain, quelle influence il eut dans l'œuvre miraculeuse du salut de la France.

PRIÈRE

Notre-Dame du Puy, priez pour nous!
Sainte Mère de Dieu, ô Marie, dont le divin Fils a dit à ses disciples : « Je vous laisse ma paix, je vous donne ma paix », obtenez de Notre-Seigneur Jésus-Christ qu'il fasse descendre cette paix souveraine dans notre pays si troublé, si agité, si cruellement déchiré par les révolutions et les guerres. Faites régner la concorde non seulement entre tous les princes et tous les chefs de la chrétienté, mais aussi entre tous les enfants de la France!... Faites enfin lever sur la terre, suivant la prédiction de vos prophètes, l'aurore de cette époque tant désirée, où les nations soumises au Dieu de la paix, ne tireront plus le glaive et ne s'exerceront plus au combat! Qu'elle luise bientôt sur nous cette aurore des temps nou-

veaux, durant lesquels le fer des lances et l'acier des épées seront changés en socs de charrues et en faucilles de moissonneurs ! O mon Dieu, quelque indignes et coupables que nous puissions être, faites-nous miséricorde au nom de Jésus-Christ votre Fils, au nom aussi de la Vierge immaculée, sa Mère. Nos péchés, nous le reconnaissons, crient vengeance contre nous et réclament des flots de sang expiatoire... Mais que le sang du Christ couvre nos fautes ! O Dieu, Père tout-puissant et miséricordieux, souvenez-vous que Jésus-Christ a prié pour nous, que Jésus-Christ est mort pour nous, et, en considération des souffrances et des mérites de Notre-Seigneur Jésus-Christ, par l'intercession de Notre-Dame du Puy, faites grâce à la France coupable et détournez bien loin d'elle le redoutable fléau de la guerre. Ainsi soit-il.

Salve Regina !

CHAPITRE DIX-SEPTIÈME

Comment Jeanne d'Arc, sur le point de délivrer la France, envoya sa mère au Jubilé du Puy pour recommander à notre Vierge noire le succès de sa mission.

NOUS voici arrivés au point le plus glorieux et le plus émouvant des annales de Notre-Dame du Puy. Nous avons dit hier, comment sous Charles VII, les Anglais se trouvaient maîtres de la moitié du sol sacré de notre patrie. L'heure de la délivrance de la France vint enfin sonner avec le Jubilé de 1429. Ce Jubilé fut un événement considérable et heureux entre tous. Il se lie d'une manière intime avec la mission de Jeanne d'Arc. Nous allons essayer de le démontrer, non sans émotion patriotique et sans légitime fierté.

C'était la troisième fois, depuis le commencement du quinzième siècle, que survenait cette conjonction mystérieuse et bénie du Vendredi Saint et de l'Annonciation de la très Sainte Vierge. Les peuples d'alors avaient un vague pressentiment que quelque chose de grand allait se passer à cette occasion. De fait, le salut de la France était proche, et le Ciel allait intervenir pour chasser les Anglais de notre chère et malheureuse patrie.

Le 6 mars 1429, dimanche de Lætare, Jeanne d'Arc, obéissant aux voix d'en haut, arrive à Chinon pour trouver le roi, et lui faire part de la mission dont elle est chargée par Dieu, auprès de lui. Cette mission est étrange chez une jeune fille : Avec ses mains qui n'ont jamais manié que la quenouille de fileuse et la houlette de bergère, Jeanne ne prétend rien moins qu'à remettre, au front du roi de France, la couronne de Clovis et de Charlemagne, si douloureusement humiliée et tombée dans les sanglants désastres de Verneuil, d'Azincourt, de Poitiers et de Crécy. Mais ce que voulait Jeanne, Dieu le voulait aussi, et dès lors il n'y avait plus d'impossibilité.

Admise, quatre jours après son arrivée, à l'audience royale, Jeanne va droit au roi, qui se cachait derrière ses familliers, et lui dit : « Gentil Dauphin, j'ai nom Jehanne la Pucelle, et vous mande le Roi des cieux par moi, que vous serez sacré et couronné dans la ville de Reims. » Elle ajouta ensuite ces paroles dont le Ciel seul pouvait lui avoir inspiré l'admirable à-propos : « Je vous dis aussi de la part de Messire Dieu, que vous êtes vrai héritier de France et fils de roi. »

Cette révélation fut un trait de lumière pour Charles VII. Quelque temps auparavant, il avait eu, en effet, dans son oratoire, une pensée pleine de trouble et d'angoisse : Un doute mortel était venu tout à coup étreindre son âme. Se souvenant de l'infamie de sa mère, il se demandait s'il était bien le fils de Charles VI, le légitime héritier du trône de saint Louis. Jeanne venait de mettre fin à ce doute cruel. Dieu seul pouvait avoir donné à cette jeune fille le don de lire ainsi dans les plus secrètes pensées du roi. A dater de ce moment, Charles VII crut à la mission de Jeanne d'Arc, et s'abandonna à ses surnaturelles inspirations.

Mais avant de s'élancer sur les champs de bataille, et de courir sus aux Anglais, Jeanne voulut mettre son entreprise sous la protection de Notre-Dame du Puy. On était au mois de mars, le grand Jubilé qui avait été annoncé par toute la France allait s'ouvrir le 25 du même mois. Or, Jeanne avait marqué d'avance ce célèbre Jubilé comme devant être le point de départ de la rédemption française. Dans l'idée de l'héroïne, c'était au moment où la prière de la France entière retentirait sous les voûtes du sanctuaire du Mont-Anis, que la sainte Vierge manifesterait son intervention miraculeuse en faveur de notre patrie. Telle était, à cet égard, la conviction de Jeanne d'Arc, qu'avant de brandir son épée, ne pouvant venir elle-même en pèlerinage au Puy, retenue qu'elle était par les docteurs de Poitiers, qui lui faisaient subir un examen d'orthodoxie, elle se fit représenter à notre Jubilé par sa mère, et par plusieurs chevaliers qui lui avaient servi d'escorte dans son voyage de Vaucouleurs à Chinon. Nous avons de ce fait un témoignage absolument authentique et digne de foi, celui du Franciscain, frère Jean Pacquerel, l'aumônier et le confesseur de Jeanne d'Arc. D'après la déclaration de ce religieux faite sous la foi du serment, au cours du procès de réhabilitation de la Pucelle, il résulte que le frère Jean Pacquerel eut, pour la première fois, connaissance de la mission de Jeanne d'Arc et de sa venue à la cour, au Jubilé du Puy de 1429, où il se rencontra avec la mère de Jeanne et quelques-uns de ceux qui avaient amené la Pucelle vers le roi. On lia connaissance, et la mère et les compagnons de Jeanne prièrent instamment le Franciscain de se rendre avec eux vers la jeune fille. Cédant à leurs instances, il s'en vint avec eux jusqu'à Chinon et de là jusqu'à Tours, où Jeanne se trouvait alors. Arrivés auprès d'elle, ils lui dirent : « Jeanne, nous vous amenons ce bon Père dont vous serez très satisfaite. » Elle répondit qu'elle était fort contente en effet, qu'elle avait entendu parler déjà du nouvel arrivant, et qu'elle voulait, dès le lendemain, lui parler et se confesser à lui. Effectivement, le lendemain, frère Jean Pacquerel confessa Jeanne, lui chanta la messe, et, depuis ce moment, ce religieux ne quitta plus notre héroïne, qu'il accompagna partout jusqu'à Compiègne où elle fut faite prisonnière.

Ainsi, il est donc certain que Jeanne d'Arc assista, par sa mère, au Jubilé qui s'ouvrit au Puy, le 25 mars 1429.

Certes, les gloires de notre sanctuaire ne se comptent plus ; mais nous sera-t-il permis de le dire, nous n'en savons pas qui égale l'arrivée dans nos murs de la mère de Jeanne d'Arc, au moment le plus critique de notre existence nationale. Cette pauvre femme du peuple, Isabelle Romée, cette humble visiteuse à peine échappée de son village, et qui vint, en cette heure solennelle, verser aux pieds de notre Vierge, l'âme de la France, nous touche plus, nous, fils du Velay, que les plus fiers potentats et les plus illustres monarques. Nous oublions, en face de cette pèlerine de notre bien-aimée Lorraine, Charlemagne, Urbain II et saint Louis lui-même. Quelles invocations sortirent de ce cœur simple et fidèle, lorsque à genoux sur le parvis de notre cathédrale, et confondue dans la foule pieuse, Isabeau Romée tendit ses mains suppliantes vers cette sainte image qui avait entendu tant de prières à travers les siècles? Elle pleura, elle pria sans doute, la noble paysanne, pour sa petite Jeannette, la chère créature qu'avaient portée ses entrailles... Pauvre Isabeau Romée! Qui ne voudrait connaître, dans la basilique, le lieu qu'elle arrosa de ses brûlantes larmes! Quel cœur français n'y verserait les siennes! Je la vois, cette pauvre mère, répandant silencieusement ses pleurs aux pieds de la Vierge noire, se relevant, essuyant son visage, et mêlée à la foule des pèlerins, se diriger vers le sanctuaire de l'Aiguilhe-Saint-Michel, et là, implorer encore le secours de l'Archange par lequel sa pauvre enfant se disait dirigée et soutenue.

Scène attendrissante! Souvenirs émouvants, combien l'on a de peine à s'arracher à vous!

Cependant la France n'avait pas invoqué en vain Notre-Dame du Puy. L'heure de la délivrance était venue. Le Jubilé de 1429 dut finir le 2 ou le 3 avril. Or, le 30 du même mois, Jeanne d'Arc entrait dans Orléans, et forçait les Anglais à se réfugier dans les bastilles qu'ils avaient établies au midi de la Loire. Le 8 mai, elle les en déloge complètement, s'emparant de leurs munitions et de leurs bagages, de leurs malades et d'un grand nombre de prisonniers. Mais il y avait encore loin d'Orléans à Reims où devait être sacré le roi. Tout le pays était occupé par l'ennemi. La route était partout hérissée de forteresses gardées par de fortes garnisons, et, chose triste à dire, la plupart des populations qui étaient tombées sous le joug des Anglais, avaient déjà pris leur parti de la domination étrangère. Jeanne triompha de tous les obstacles, et le 17 juillet 1429, le jour même de l'octave de la Dédicace de Notre-Dame du Puy, Charles VII était enfin sacré à Reims et couronné roi de France.

Vive le Christ qui aime les Francs! *Vivat Christus qui diligit Francos!* Tel est le cri qui s'échappe de notre poitrine en terminant ce glorieux chapitre. Ah! puisque l'occasion s'en présente, recueillons et étudions les enseignements qui découlent de cette intervention du Ciel dans les destinées de notre chère patrie. La patrie, sachons-le bien, c'est Dieu qui l'a faite; par conséquent c'est lui seul qui l'ôte, c'est lui seul aussi qui peut la rendre. La patrie est le composé sacré des autels et des foyers d'un peuple. Nul peuple ne perd sa patrie que par suite de quelque mystérieux châtiment; et c'est pourquoi, pour la recouvrer, il ne suffit pas de combattre avec une épée, mais il faut surtout prier, lever les yeux et les cœurs au ciel, trouver des hosties et des immolations, et envoyer à Dieu, à travers la fumée des batailles, par les lèvres pures des vierges et des petits enfants, la grande prière des peuples vaincus : « Seigneur, rends-nous la patrie, rends-nous la liberté ! »

C'est cette prière que Jeanne d'Arc fit par sa mère aux pieds de la statue de Notre-Dame du Puy, et c'est à la suite de cette prière qu'il fut donné à Jeanne-la-Lorraine de délivrer la France !

PRIÈRE

O Marie, qui avez autrefois délivré la France des Ariens, des Musulmans, des Albigeois et des Anglais, ne permettez pas qu'elle tombe maintenant sous le joug de ces Allemands qui nous menacent sans cesse d'une nouvelle invasion ! Songez que ces ennemis de la France sont vos pires ennemis, puisqu'ils sont infectés pour la plupart de l'hérésie protestante !...
O vous qui avez suscité Jeanne d'Arc au quinzième siècle, pour délivrer votre royaume de l'invasion Anglaise, ne permettez pas que cette terre qui est vôtre, soit violée de nouveau par la Prusse hérétique ! Rendez à la Mère-Patrie l'Alsace et la Lorraine, ces deux filles bien-aimées de la France qui lui ont été si violemment et si injustement ravies !... Mettez, par votre protection, des bornes infranchissables à nos frontières menacées ! Et si, ce qu'à Dieu ne plaise, de nouveaux combats étaient nécessaires pour le salut et l'honneur de la France, alors, ô Marie, combattez avec nous, et donnez la victoire à vos en-

fants! *Si Maria pro nobis, quis contra nos?* Si vous êtes pour nous, ô Marie, qui sera contre nous? Oui, nous en avons la ferme confiance, ô Notre-Dame, aux heures du péril, vous viendrez aux secours de la patrie en danger! Et le vieux cri de nos pères restera toujours vrai : *Regnum Galliæ, regnum Mariæ, nunquam peribit.* La France, qui est le royaume de Marie, ne périra jamais!

Notre-Dame du Puy, priez pour la France. *Amen!*
Salve Regina!

CHAPITRE DIX-HUITIÈME

Notre-Dame du Puy et l'Ordre de Saint-François d'Assise.

L'ORDRE de Saint-François a joué un rôle si considérable dans notre pèlerinage, que ce n'est pas trop d'un chapitre à part, pour raconter les rapports étroits des Franciscains avec Notre-Dame du Puy.

Ce fut du vivant même de saint François, sous l'évêque du Puy, Etienne de Chalencon, que les Franciscains s'établirent au Puy (1223). Saint François, qui aimait tant la sainte Vierge, ne pouvait manquer d'établir, dans notre ville, quelques-uns de ses enfants. Leur couvent était situé avenue de Vals, derrière le musée actuel. Ce monastère prit dès son début un rapide essor. L'illustre thaumaturge, saint Antoine de Padoue, mort en 1231, y fut deux ans gardien, et y enseigna la théologie. Au XVIIIe siècle on montrait encore sa cellule.

A peine installés au Puy, les Franciscains y établirent un centre florissant d'apostolat. Du treizième au quinzième siècle surtout, leur monastère fut la vivante incarnation des idées religieuses dont notre ville était alors l'un des principaux foyers.

Les Franciscains avaient un intérêt de premier ordre à répandre au loin la renommée et la popularité de notre pèlerinage. Le Grand-Pardon ou Jubilé de notre Eglise angélique associait, en effet, les deux dates les plus chères au cœur des enfants de saint François : Le Vendredi-Saint et l'Annonciation de la sainte Vierge, c'est-à-dire le commencement et la fin de la rédemption du monde. La passion dont saint François avait porté visiblement sur son corps les glorieux et douloureux stigmates, et qui lui avait fait préposer ses enfants à la garde périlleuse des Lieux saints, la Passion, on le sait, était la fête franciscaine par excellence ; d'autre part, la solennité de l'Annonciation était aussi en grand honneur dans l'ordre Franciscain. Aussi les Franciscains, si nombreux, si actifs, si bienvenus des foules, adoptèrent-ils notre pèlerinage comme une œuvre tout à fait en rapport avec l'esprit de leur institut, et se complurent-ils à répandre, en tous lieux, la renommée de notre sanctuaire et la date de ses grands et salutaires Jubilés.

Sous Charles VII, notamment, lors de l'invasion anglaise, les Franciscains contribuèrent beaucoup à faire de Notre-Dame du Puy un sanctuaire national. On sait qu'au commencement du quinzième siècle, le Puy et le Velay prirent tout à coup une importance hors ligne dans la lutte de nos Pères contre l'invasion anglaise. A partir de 1417, on vit notre province devenir le centre d'une ligne défensive, le point de ralliement et la base d'opération principale de la défense de l'intégrité nationale. Le Velay étant, en effet, la clef des défilés du Languedoc, se trouvait être par là-même la clef de ce qui restait de possessions au pauvre petit roi de Bourges. Les Franciscains, à cette occasion, se firent les chevaliers errants de la patrie malheureuse.

De 1407 à 1430, les preuves abondent de cette propagande franciscaine au nord, comme au midi et au centre de la France, et tout démontre que le sanctuaire de Notre-Dame du Puy était le foyer d'où rayonnaient sur la France ces missionnaires de l'indépendance et de la nationalité françaises. Chez ces âmes religieuses et patriotiques, le pèlerinage de la Vierge d'Anis devint l'un des meilleurs instruments de la rédemption nationale. Et quand sonna le Jubilé de 1418, quand se produisit la rencontre mystérieuse des deux grandes fêtes franciscaines : la Passion et l'Annonciation, les enfants de saint François, répandus dans toute la France, montrèrent aux foules notre Vierge noire comme la Notre-Dame des Victoires de la patrie en danger, et convièrent partout les populations au Grand-Pardon de Notre-Dame du Puy, en annonçant que son patronage porterait bonheur aux pauvres lys si tristement courbés et agités par la tempête. Aussi, grâce aux Franciscains, aucune cité de France, aucune province, aucun village même n'ignorait la gloire de Notre-Dame du Puy et la date de ses célèbres Jubilés. Cette dévotion de l'ordre de Saint-François pour Notre-Dame du Puy engagea sans doute sainte Colette à venir fonder dans cette ville un couvent de Clarisses.

L'illustre franciscaine, usant de l'ascendant souverain qu'elle exerçait sur dame Claude de Rousillon, veuve du vicomte Armand de Polignac, pria cette châtelaine de vouloir bien lui choisir un emplacement au Puy, aux pieds du célèbre sanctuaire de Notre-Dame. En conséquence, la vicomtesse acheta, dans un coin de la cité, près des fortifications, un groupe de jardins et de maisons où fut bâti, après bien des obstacles et des difficultés, l'humble couvent actuel des pauvres Clarisses (1432).

Quelques années plus tard (1451), le frère Basile, franciscain de l'observance, étant venu prêcher au Puy, y obtint de tels succès de conversion que l'on vit les femmes de la ville venir déposer entre ses mains tous les vains ornements de leurs parures mondaines, et les hommes lui remettre tous les mauvais livres, les dés et les jeux de cartes qu'ils possédaient ; en sorte, dit la chronique, que le missionnaire franciscain en avait amassé la charge de plusieurs mulets. A un jour donné, il convoqua tout le peuple sur la place du Breuil, et là, en face du sanctuaire de Notre-Dame, il livra impitoyablement aux flammes d'un immense bûcher, tous ces objets de luxe et de perversion.

En 1609, les Franciscains de la nombreuse et austère réforme des Capucins, vinrent à leur tour s'établir au Puy, sous l'égide de Notre-Dame du Mont-Anis. Parmi ces dignes fils de saint François, le B. P. Théodose de Bergame se distingua entre tous par sa dévotion pour la sainte Vierge. Contre l'usage des autres prédicateurs, il prêchait tous les samedis en son honneur, afin de propager la gloire de cette grande Reine du ciel et de la terre. Il s'efforçait d'établir partout la dévotion du saint Rosaire, que, de concert avec les Dominicains, il rendit familier à tous les habitants du Velay. Son amour et son dévouement pour Notre-Dame du Puy l'engagèrent dans de laborieuses recherches sur les anciennes dévotions et les miracles éclatants relatifs à ce saint pèlerinage. Il en composa même un ouvrage, introuvable aujourd'hui, mais dont le texte a servi de base à l'ouvrage du père jésuite Odo de Gissey, qui n'a fait qu'augmenter et perfectionner le travail de son vénérable devancier.

Hélas! du couvent des Franciscains et des Capucins, il ne reste plus rien aujourd'hui. La Révolution a tout détruit! seul, le couvent de Sainte-Claire, fondé par sainte Colette, existe encore et continue nuit et jour de monter silencieusement sa garde d'honneur aux pieds du sanctuaire de Notre-Dame du Puy.

PRIÈRE.

Notre-Dame du Puy, priez pour nous!
O Marie, nous venons de voir quels magnifiques hommages l'Ordre de Saint-François vous a rendus dans le Velay. Hélas! qui nous rendra ces âges de foi, où les ordres religieux prospéraient librement dans notre patrie, pour la plus grande gloire de Dieu et de sa sainte Mère, pour le plus grand bien aussi de la société civile et religieuse! En ce temps-là, il y avait des asiles pour tous les cœurs épris de la beauté et de la sagesse éternelles. Les cloîtres étaient ouverts à toutes les âmes avides de solitude, de silence et d'amour de Dieu. On pouvait se choisir une famille entre toutes les nombreuses familles monastiques pour y servir le Père céleste dans la prière et le travail. Et même, lorsque quelqu'un ne pouvait aller au cloître, le cloître venait à lui par le tiers-ordre. En ce temps-là, l'empire de la peur

ne dominait pas les consciences comme aujourd'hui ; on ne craignait pas de se montrer chrétien ; on n'avait pas fait, du mot bien innocent de clérical et de congréganiste, un ridicule épouvantail qui arrête les meilleurs. On se faisait gloire d'appartenir à l'Eglise et aux associations religieuses. On eût cru n'être pas complètement chrétien, si on n'eût appartenu au tiers-ordre Franciscain. Tout en restant dans le monde, on portait les armes de cette belle chevalerie, on combattait sous sa bannière, le bon combat de la vie, et l'on mourait heureux, ceint de la corde et revêtu du pauvre habit de bure de Saint-François. Le monde chrétien était ainsi une immense confrérie, dont l'amour de Dieu unissait tous les membres.

Hélas ! que les temps sont changés !... Les cloîtres sont aujourd'hui fermés, les religieux dispersés, et les âmes nombreuses que Dieu appelle, chaque jour, à la vie monastique, sont condamnées à errer dans le monde, souffrantes, découragées et sans vocation ! Triste nécessité que celle-là ! mais il est un remède à ce mal. Si les couvents des grands ordres sont fermés, le tiers-ordre est ouvert à tous ! et le Souverain-Pontife Léon XIII a déjà, à deux reprises, exhorté vivement les âmes à s'enrôler dans la grande association franciscaine. O Marie, qui êtes la glorieuse patronne du tiers-ordre de Saint-François, attirez à vous les âmes qui se perdent, et par le tiers-ordre Franciscain, suivant le désir de son séraphique fondateur, faites-les toutes aller en Paradis. Ainsi soit-il !

Salve Regina !

CHAPITRE DIX-NEUVIÈME

Histoire admirable de la statue miraculeuse de Notre-Dame du Puy.

NOUS voici arrivés à un récit merveilleux où la légende est tellement mêlée à l'histoire, qu'il est extrêmement difficile de discerner bien exactement où finit l'une et où commence l'autre.

Un fait cependant nous paraît absolument certain : c'est qu'il y eut d'abord, au Puy, une statue primitive de Marie, antérieure de plusieurs siècles à la statue de la Vierge noire qui fut brûlée sous la Révolution. Nous en trouvons la preuve dans ce fait qu'en l'année 864, Raymond Ier, comte de Toulouse, fonda, à perpétuité, l'entretien d'une lampe devant l'image de Notre-Dame du Puy. D'où provenait cette première statue? Quelle main l'avait offerte? Quelle en était l'origine? L'histoire est muette sur ce point, et l'on en est réduit à de simples conjectures. Peut-être cette image primitive de Marie fut-elle donnée au sanctuaire de Notre-Dame par Dagobert Ier, Clovis II ou Charlemagne, trois monarques à qui certains historiens attribuent faussement la donation, à l'Eglise du Puy, de la statue miraculeuse connue sous le nom de Vierge noire. Peut-être aussi cette première statue, vénérée au Puy, est-elle celle que saint Georges plaça à Ruessium dans le premier temple qu'il dédia à la sainte Vierge et que saint Vosy dût apporter avec lui, lors du transfert du siège de l'évêché du Velay, de saint Paulien à Anicium. Quoiqu'il en soit de ces diverses conjectures, il est bien établi que, jusqu'au milieu du treizième siècle, le sceau du Chapitre de Notre-Dame portait en effigie l'image d'une statue primitive, toute différente de celle de la Vierge noire.

Au treizième siècle (1254), cette première statue fut remplacée par une seconde, devenue, depuis lors, extrêmement célèbre sous le nom de statue miraculeuse de la Vierge noire. D'où provenait cette deuxième statue ? Certains auteurs en attribuent le don à Louis VII dit le jeune, d'autres à Philippe-Auguste. Mais c'est à tort ! il est certain, en effet, que ce fut saint Louis qui l'apporta au Puy, lors de son retour d'Egypte, en 1254. Voici, d'ailleurs, ce que la légende et l'histoire nous apprennent à ce sujet :

Le prophète Jérémie, s'étant réfugié en Egypte, annonça aux idolâtres de ce pays qu'un jour viendrait où leurs idoles seraient renversées par le fils d'une mère Vierge. Et pour mieux perpétuer le souvenir de cette prédiction, il sculpta, dit-on, en bois de cèdre, l'image future de Jésus et de Marie, que les prêtres du pays placèrent dans le plus beau de leurs temples, où ils lui rendirent un culte particulier.

Cette mystérieuse statue sculptée par Jérémie, représentait l'Enfant-Dieu assis sur les genoux de la sainte Vierge. Au dire de graves historiens arabes, cette statue était en vénération dans les trois Arabies. Du temps de Mahomet on l'y vénérait encore. Ce faux prophète la fit enlever, et au treizième siècle, elle faisait partie du trésor du Soudan d'Egypte. Or, on sait qu'à cette époque, le roi saint Louis s'en alla en Egypte combattre pour la foi de Jésus-Christ (1251). Après avoir pris Damiette, il voulut s'emparer également du Caire. Malheureusement les eaux du Nil enveloppèrent ses troupes au moment le plus imprévu, et il fut fait prisonnier, avec ses deux frères, et tous les autres chefs de son armée. Conduit au Caire, il y demeura quelques mois. Pendant ce temps, il sut inspirer tant d'admiration à son vainqueur, que lorsque sa rançon fut réglée, celui-ci le pria de choisir dans son trésor l'objet qui lui serait le plus agréable, afin qu'il l'emportât en souvenir en lui. Saint Louis fixa son choix sur une statue en bois de cèdre, peinte et arrangée à la façon des momies d'Egypte ; et, bien que le Soudan attachât un grand prix à cette image, tant à cause de la vénération dont elle avait été autrefois entourée, que parcequ'elle avait été sculptée, disait-il, par le prophète Jérémie ; il consentit néanmoins, pour prouver son estime au roi de France, à s'en dessaisir en sa faveur.

« Prince ! lui dit saint Louis en le remerciant, je vous donne ma parole de roi qu'en arrivant dans mon royaume, je placerai cette précieuse statue en un lieu où perpétuellement on la révèrera. » En effet, dès son retour en France (1254), le saint roi se rendit au Puy, et fit hommage à Notre-Dame de ladite Vierge noire.

Cette statue était en bois de cèdre, avons-nous dit, sa hauteur était de deux pieds trois pouces. Elle représentait la sainte Vierge, assise sur une espèce de tabouret, et tenant sur ses genoux l'Enfant-Jésus dans la posture d'un petit enfant qui cherche à s'asseoir sur le giron de sa mère. Cette double image était environnée, dans toutes ses parties, de bandelettes fortement serrées à la manière des monies d'Egypte. Ces voiles entouraient même les visages, les pieds et les mains, de telle sorte que les pieds ne laissaient apercevoir aucun vestige des doigts, qui se trouvaient, au contraire, très fortement caractérisés dans les mains, singulièrement remarquables par leur étendue et leur roideur. C'est sur cette enveloppe qu'on avait jeté une couche de blanc sur laquelle on avait peint, à la détrempe, non pas à la manière de nos Indiennes, mais avec des couleurs épaisses et solides, différents genres d'ornements. La draperie était grossièrement sculptée et sans plis ; l'habillement, sculpté lui aussi, se composait d'une robe jetée sur une tunique intérieure dont l'extrémité était ornée d'une broderie ; cette robe formait, sur la poitrine entièrement plate, une pointe encadrée dans une bordure rehaussée d'Arabesques et qui descendait des épaules jusqu'aux pieds. Les manches, peintes en rouges, ne dépassaient pas le coude, où elles se terminaient en manchettes évasées sur l'une desquelles on distinguait des caractères mystérieux demeurés jusqu'ici inconnus. Le corsage jusqu'à la ceinture était peint d'un fond vert tirant sur le bleu, parsemé de petits ornements d'un blanc jaunâtre. Une large bande, en forme de galon, de couleur également jaune, courait du sein jusqu'aux pieds et tournait encore autour de la robe comme une frange. Sur la tête, enserrée étroitement par des bandelettes qui ont toujours empêché de la contempler à découvert, était placée une couronne, travaillée à jour, dont la forme étrange se rapprochait assez de celle d'un casque, et dont deux portions mobiles se prolongeaient comme des espèces d'oreillettes et tombaient presque jusqu'aux épaules. Ce diadème, de cuivre doré, portait enchâssé dans ses contours, plusieurs camées antiques extrêmement curieux et dont quelques-uns ont excité l'admiration des connaisseurs. Les sujets qu'ils représentaient avaient trait à des scènes du paganisme. Ils étaient sans doute un sacrifice de l'erreur offert à la mère de l'éternelle vérité. La forme du visage présentait un ovale extrêmement allongé, où les règles du dessin n'avaient été nullement suivies. La face, dit Gissey, était longuette. Il aurait dû, reprend Faujas, qui l'avait considérée à loisir et de très près, il aurait dû plutôt l'appeler longissime. Le nez surtout était d'une longueur démesurée. La bouche, au contraire, était petite, le menton raccourci et rond, la partie osseuse supérieure de l'œil fort saillant, et l'œil, malgré cela, très petit.

Il y avait, néanmoins, dans cette image sacrée un heureux mélange de singularité et de noblesse, qui inspirait tout à la fois le respect et la confiance. Le visage de la sainte Vierge était d'un noir foncé, qui jouait le poli de l'ébène, aussi bien que celui de l'Enfant-Jésus, dont, par un contraste bizarre, les mains étaient blanches ainsi que celles de sa Mère. Le divin Enfant portait une robe faite en forme de tunique, dont la couleur était d'un rouge très foncé et que décoraient çà et là de petites croix grecques et argentées. Une ceinture dorée qui la rattachait, laissait retomber sur le devant ses deux extrémités, qui rendaient assez bien l'effet d'une riche dentelle.

Cette double image, peinte et sculptée comme nous venons de le décrire, était habituellement couverte de riches étoffes, comme à Rocamadour et à Lorette, en sorte que l'on n'apercevait que les deux têtes de Jésus et de Marie et l'extrémité de leurs pieds.

Telle était la statue mystérieuse qui, pendant cinq cent trente-neuf ans, attira de toutes les parties de l'Europe, tant de pèlerins au Mont-Anis.

Pendant plus de cinq siècles, cette statue fut la sauvegarde et la richesse du Velay. Cette raison seule aurait dû, ce semble, la protéger contre toute profanation. Mais, hélas ! jusqu'où ne va pas le vandalisme de l'impiété déchaînée. Arrachée de l'autel pour être jetée dans la charrette aux immondices, on vit un jour de 1794, une populace, stupide et forcenée, se ruer avec une joie de cannibales autour du bûcher qui consumait un objet si vénéré, et applaudir à la destruction de cette relique sacrée de la science et de la foi !...

Mais n'anticipons pas sur les événements. Avant de raconter la haine idiote et brutale dont fut l'objet à la fin du siècle dernier, la statue miraculeuse de Notre-Dame du Puy, il nous faut énumérer les grands témoignages d'amour et de vénération qui lui furent rendus par nos aïeux pendant plus de cinq siècles.

Ce sera le sujet du chapitre suivant.

PRIÈRE

Notre-Dame du Puy, priez pour nous.

O Marie, lorsque autrefois, dans votre sanctuaire du Mont-Anis, les pèlerins vénéraient votre ancienne statue de bois de cèdre, ils ne pouvaient, disent nos chroniques, détacher leurs regards de votre image miraculeuse, et leurs yeux ne se lassaient point de vous contempler. Ah ! c'est que pour eux, la mystérieuse parole que la sainte Écriture applique à l'épouse des cantiques : « *Nigra sum, sed formosa.* Je suis noire, mais belle. » Cette parole s'appliquait parfaitement à vous. Oui, vous étiez noire par le bois de cèdre dont était faite votre statue, mais vous étiez belle aussi par les souvenirs que vous rappeliez : vous étiez, en effet, la statue prophétique dont Jérémie s'était servi pour répandre à l'avance, parmi les tribus égyptiennes, la connaissance du grand mystère de l'Incarnation. Grâce à cette image sculptée, de pauvres idolâtres vous avaient connue et vénérée six siècles avant votre naissance, et ils avaient salué en vous la glorieuse Vierge qui devait enfanter le divin Rédempteur. La vue de votre image rappelait tout cela à vos pieux pèlerins ; elle leur rappelait aussi le souvenir du plus saint de nos rois, et vous étiez tout à la fois un monument religieux et national. Mais ce qui faisait surtout votre beauté aux yeux des foules qui venaient s'agenouiller à vos pieds, c'est que vous étiez l'instrument dont Dieu se servait pour répandre à profusion la grâce et le miracle. O Notre-Dame du Puy, qui dira toutes les guérisons et toutes les conversions que Dieu s'est plu à opérer par vous, dans le sanctuaire du Mont-Anis! Hélas! votre statue miraculeuse a été anéantie dans un jour de crime et d'abomination... mais, ô Marie, votre bras est toujours aussi puissant que par le passé. Vous pouvez, si vous le voulez, renouveler dans notre pays les merveilles d'autrefois. Nous vous en prions, ô Notre-Dame! rendez-nous vos antiques faveurs! et, pour commencer, convertissez nos âmes pécheresses, détachez-les du mal, ouvrez nos yeux à la lumière de la vérité, donnez-nous une foi vive et ardente, faites pénétrer dans nos cœurs la douceur de votre amour, rendez-nous enfin, ô Marie, dignes de vos bienfaits!

Notre-Dame du Puy, priez pour nous!

Salve Regina!

CHAPITRE VINGTIÈME

Des processions où l'on portait en triomphe la statue miraculeuse de la Vierge noire.

A PEINE le pieux roi saint Louis eut-il déposé la statue de Marie sur l'autel de la Cathédrale du Puy, que la renommée de cette précieuse relique se répandit au loin. L'inauguration de cette célèbre statue fut fixée au 3 mai 1255, jour où l'Eglise célèbre la fête de l'Invention de la sainte Croix. En action de grâces de l'heureux retour du monarque, on décida que la Vierge noire serait portée, pour la première fois, en triomphe dans une procession solennelle. Or, il s'assembla à cette occasion une telle multitude de peuple, que par suite de l'encombrement qui se produisit, il y eut jusqu'à quatorze cents pèlerins étouffés dans la foule devant la porte des Farges!...

Depuis cette catastrophe, la statue de Marie ne fut portée, dans les rues, qu'à de rares intervalles et dans des occasions extraordinaires. Mais toujours sa sortie du temple attira un grand concours de pèlerins.

Plus d'un siècle s'était écoulé sans qu'on l'eût produite hors de son sanctuaire. Mais, en 1374, au milieu d'une disette affreuse, qui menaçait de s'étendre à l'année suivante, on eût recours, pour la seconde fois, à cette pratique de dévotion, et l'historien Odo de Gissey nous apprend que le temps changea presque aussitôt, et que les craintes ne tardèrent pas à se dissiper.

En 1404, la statue de la Vierge noire fut portée pour la troisième fois en procession. Les temps étaient bien durs à cette époque. On avait d'abord beaucoup à souffrir de l'intempérie des saisons. Puis l'Eglise était désolée par le grand schisme d'Occident. Enfin, la triste démence du roi Charles VI, les intrigues du duc d'Orléans, son frère, et de ses deux oncles les ducs de Berry et d'Anjou, ainsi que les coupables manœuvres de la reine Isabeau de Bavière, réduisaient la France à la plus lamentable situation. Emu de tant de maux, l'évêque Elie de Lestrange ordonna de faire, avec la sainte Image, une procession qui détourna du Velay une partie des fléaux qui le menaçaient, et obtint à cette contrée privilégiée d'avoir, moins que toute autre, à souffrir des guerres sanglantes qui désolèrent alors la France.

La quatrième procession eut lieu en 1421. La France alors semblait toucher à sa ruine. La guerre civile s'était jointe à la guerre étrangère.

L'Anglais, soutenu par la faction des Bourguignons, avait envahi nos plus belles provinces. On appela en aide Notre-Dame du Puy. Le dimanche 14 septembre, la statue de la Vierge noire fut portée de nouveau en procession. Arrivée à la porte Saint-Robert, elle fut placée « regardant vers France » disent naïvement les chroniques, « et tout le dévot populaire plorait là à chaudes larmes devant ce dévot image, demandant affectueusement à la Vierge Marie qu'elle impétrât paix et concorde au royaume de France. » Tant de prières et de supplications obtinrent, enfin, leur effet. Jeanne d'Arc, envoyée du ciel, abattit l'orgueil de l'Angleterre ; par son aide, Charles VII fut sacré roi à Reims, et il ne resta bientôt plus aux Anglais, sur le continent, que la ville de Calais. Convaincu par l'exemple de son père, du pouvoir de Notre-Dame du Puy, Louis XI, dès les premiers temps de son règne, ordonna, le 10 juillet 1468, de faire, pour la cinquième fois, dans les rues de notre ville, une procession solennelle de la Vierge noire, afin d'obtenir le rétablissement de la concorde dans la famille royale. Ce que Marie se plut à accorder bientôt après.

Un an plus tard, 11 juillet 1469, sur les instances du même roi Louis XI, eut lieu au Puy une sixième procession de la sainte Vierge, à l'effet d'obtenir d'elle un héritier pour le roi de France qui s'affligeait depuis longtemps de n'en pas avoir. Cette procession eut lieu le jour de la Dédicace de la Cathédrale, avec une pompe extraordinaire. La procession obtint son effet. Douze mois après, 30 juin 1470, Charlotte de Savoie, reine de France, mit au monde un bel enfant qui fut plus tard Charles VIII.

L'an 1480, la statue de la Vierge noire fut portée pour la septième fois en procession, à l'occasion de la peste qui faisait alors de grands ravages dans le Velay et dans l'Auvergne. Quelque grand et redoutable que fut le fléau qui sévissait, il ne put arrêter la dévotion des fidèles, qui accompagnèrent en foule l'image de Marie ; et, grâce aux prières qui furent faites, par la protection de la toute puissante Mère de Dieu, le fléau disparut.

Vingt-trois ans après 1503, la peste fit de nouveaux ravages dans le Velay. La ville du Puy surtout avait été frappée. La plupart des citoyens et des magistrats étaient morts ou s'étaient enfuis. Le consul Jean Ayraud, aidé de quelques prêtres, réunit le peu d'habitants qui restaient. Ils allèrent ensemble chercher, dans son sanctuaire, la statue miraculeuse de Marie, la portèrent en procession pour la huitième fois, et Marie, en passant dans les rues de la ville, en chassa si bien la peste, que la cité tout entière fut instantanément délivrée de cette contagieuse infection.

Le 11 juillet 1512, une neuvième procession eut lieu à l'occasion des malheurs des temps. L'historien Médicis, qui y assistait, dit simplement dans ses chroniques : « Cette procession fut bien dévote ! Dieu l'ait prise en gré, et nous donne la grâce d'être toujours ses bons zélateurs ! »

Sept mois après, 2 février 1513, les temps se faisant de plus en plus mauvais et menaçant encore de devenir pires, on eut recours à une dixième procession de la Vierge noire. On invita, particulièrement à cette fête, les seigneurs de Montlaur, d'Apchier et de Polignac, ainsi que le baron de Saint-Vidal, et les sieurs de Lardeyrol et de Loudes, dont les ancêtres, en pareil cas, s'étaient toujours honorés de servir d'escorte à Notre-Dame. La procession fut « très belle, noble, sainte et dévote », disent les chroniques Aussi, par la grâce de Dieu et l'intercession de la Bienheureuse Vierge Marie, il ne tarda pas à faire « temps doux et tranquille. »

La statue de Marie fut promenée pour la onzième fois, dans les rues de la ville, durant la captivité de François Ier, 1525. A cette époque, il n'était pas, dans le Velay, de quenouille qui ne filât pour la rançon du roi. Il n'était, de même, pas une âme qui ne priât pour sa délivrance, qui eût lieu bientôt après.

En 1575, le Velay était en proie au double fléau de la peste et de la guerre civile. L'évêque, Antoine de Senectère, espéra qu'une procession solennelle fléchirait le ciel. On porta donc en triomphe, pour la douzième fois, la statue miraculeuse de Marie. Deux chanoines portaient la Vierge. Les six consuls de la ville portaient le drap d'or qui surmontait le brancard, à leur côté se tenaient six hommes en chemise, la tête et les pieds nus, portant chacun une haute torche aux armes de la ville. Touchant spectacle, qui montre bien la foi et la piété de nos pères, et l'ardente confiance qu'ils avaient en la sainte Vierge.

En 1629, la peste se déclara de nouveau au Puy. Elle y fit de nombreuses victimes, surtout dans les mois de juillet et d'août, où il mourut plus de dix mille personnes. Mais le fléau ayant disparu au commencement de 1630, on célébra cette délivrance par une nouvelle procession, où l'on porta, pour la treizième fois en triomphe, la statue miraculeuse de la Vierge. Un grand et magnifique tableau que l'on voit encore appendu à l'un des murs latéraux de la Basilique, rappelle cette procession, et en montre toute l'ordonnance. On y lit au bas, en vers latins, l'inscription suivante, que nous traduisons : « O Vierge, recevez ce tableau, qui vous est consacré. Souvenez-vous du pays d'Anis. Eloignez de lui les fléaux et venez-lui toujours en aide dans ses malheurs. Ainsi soit-il ! »

Le Chapitre avait député seize de ses membres, pour porter successivement le brancard de la Vierge au-dessus duquel les six consuls soutenaient un dais de damas rouge, semé de fleurs de lis. Derrière la Vierge, marchait le doyen du Chapitre qui remplaçait l'Evêque alors absent, et qui donna la bénédiction en touchant pieusement la statue de sa main, qu'il étendit ensuite sur la foule agenouillée à ses pieds.

Dans les premières années du siècle suivant, la France fut cruellement éprouvée. Le trop célèbre hiver de 1709 vint ajouter ses horreurs aux maux de la longue guerre qu'amena la succession d'Espagne. Presque toutes les semences périrent sous les glaces. Il fallut généralement en confier de nouvelles à la terre. On s'effrayait, à bon droit, de l'avenir. Pour rassurer les esprits et attirer les bénédictions du Ciel, l'évêque du Puy, Claude de la Roche-Aymon, ordonna une procession générale, où la statue de la Vierge noire fut portée en triomphe pour la quatorzième fois.

Enfin, le 2 mai 1723, après que la grande peste qui désola Marseille et qui fit trembler tout le midi de la France, eut étendu ses ravages jusqu'aux portes de la ville du Puy, qu'elle respecta complètement, Mgr de Conflans, pour rendre grâce à Marie d'une protection si sensible, fit porter une quinzième fois, en procession, la statue miraculeuse de la sainte Vierge.

Ce fut là le dernier triomphe de notre Vierge noire. Depuis cette époque, la statue, donnée au Puy par saint Louis, ne sortit plus de la Basilique, que pour être brûlée ignominieusement sur la place publique du Martouret, le 8 juin 1794.

PRIÈRE

Notre-Dame du Puy, priez pour nous!

O Marie, en jetant un si vif éclat sur la statue dont saint Louis enrichit votre sanctuaire du Mont-Anis, vous n'avez pas eu seulement pour but de glorifier cette antique et vénérable image, mais vous vous êtes proposé surtout de répandre parmi les fidèles une pieuse confiance et une tendre dévotion envers votre divin Fils et envers vous-même. Nous venons de voir, ô Marie, comment vous aimaient nos aïeux. Et bien, nous voulons, nous aussi, vous aimer dorénavant comme eux. Prenez donc notre cœur, nous vous le donnons! Gardez-le! qu'il soit désormais à vous et que votre amour et celui de votre divin Fils y dominent et y règlent toutes les autres affections!

Jésus, Marie! vos deux noms, dès ce jour, resteront inséparablement unis dans notre âme. Votre nom, ô

Jésus, y viendra en première ligne, et celui de votre Mère immédiatement après. Ces deux noms se feront mutuellement écho dans notre cœur! ils s'expliqueront et se compléteront l'un l'autre, Jésus nous faisant aimer Marie, et Marie nous faisant aimer Jésus!

O Jésus, ô Marie, conformément aux règles de la véritable affection, nous vous promettons désormais de penser plus souvent à vous qui ne nous oubliez jamais! oui, nous penserons à vos vertus et à vos exemples pour les imiter; nous vous demanderons souvent : que feraient, que penseraient, que diraient en telle et telle circonstance Jésus et Marie? et nous nous appliquerons ensuite à agir, à penser, à parler comme vous.

Jésus, Marie, accordez-nous la grâce de rester dorénavant parfaitement unis avec vous, non seulement de cœur et d'esprit, mais aussi de volonté. Partout et toujours, quoi qu'il arrive, dans les événements heureux ou malheureux, dans toutes nos actions et dans toutes nos démarches, faites que nous n'ayons plus d'autre volonté que la vôtre! Que votre bon plaisir soit le trait-d'union qui nous relie et nous enchaîne constamment à vous! Mais, en retour de de cette exacte conformité à votre sainte volonté, puissions-nous. ô Jésus, ô Marie, goûter sur cette terre les délices de la paix intérieure, et mériter enfin d'aller consommer un jour dans le ciel notre union commencée ici-bas avec vous! Ainsi soit-il!

Notre-Dame du Puy, priez pour nous!

Salve Regina!

CHAPITRE VINGT-UNIÈME

*Comment la statue miraculeuse de Notre-Dame
du Puy fut brûlée pendant la Terreur,
Et de la nouvelle statue qui l'a remplacée.*

ON était à cette phase de la grande Révolution française connue sous le nom de régime de la Terreur ! régime abominable, dont l'histoire est tout entière écrite avec du feu, des larmes et du sang !

Comme toutes les autres provinces de France, le Velay eut alors sa page lugubre et sanglante. Dans nos montagnes, non seulement beaucoup de prêtres, mais aussi de nombreux fidèles de tout âge, de tout sexe et de toute condition furent immolés en haine de la foi catholique.

Notre-Dame du Puy voulut, ce semble, s'associer en quelque sorte à la glorieuse troupe de ces martyrs dont elle est d'ailleurs la Reine : *Regina martyrum !* Elle permit donc que sa statue, vénérée depuis si longtemps dans l'Eglise du Mont-Anis, fut traînée au bûcher par les mêmes bourreaux qui conduisaient à la mort les fidèles et les prêtres du Velay. Elle voulut être brûlée à la même place où le sang des martyrs coulait presque sans interruption. Voici le récit authentique de ce crime à jamais lamentable :

Le 30 nivose, an II de la République (19 janvier 1794), la statue de Notre-Dame du Puy, après avoir été dépouillée de ses richesses par des misérables, fut arrachée du maître-autel de la Cathédrale et transférée, pour faire place à la déesse Raison, aux archives de la Cathédrale. Plus tard, les officiers municipaux prirent la détermination de la faire brûler. En conséquence, le 8 juin 1794, fête de la Pentecôte, sur les cinq ou six heures du soir, le représentant du peuple Guyardin, le maire, ses municipes et quelques membres du Directoire du département, assistés par des canonniers, des gendarmes et par un piquet de troupes de ligne, allèrent prendre la statue, la mirent sur la charrette du déboueur de la ville, un canonnier se permettant toute sorte d'horreurs contre elle. Quand on fut à l'Hôtel de Ville, des curieux, ou plus vraisemblablement des gens bien intentionnés, la firent porter dans une des salles de la mairie. Là, d'un coup de sabre, un canonnier lui ayant coupé le nez, elle fut reconnue pour être en bois de cèdre par M. Bertrand-Morel qui, pour la sauver sans doute, proposa de la porter au musée comme objet de curiosité. Malheureusement, sa proposition ne prévalut point. On traîna donc la Vierge à la place du Martouret et on la livra aux flammes avec un grand nombre de tableaux, de statues d'église et de papiers précieux, aux cris répétés de : Vive la République ! Quand la statue fut brûlée d'un côté, un soldat prenant une perche : « A présent que tu t'es rôtie d'un côté, dit cet impie, il faut que tu te brûles de l'autre. » Le feu ayant alors consumé les charnières d'un coffret qui se trouvait au bas de la statue, il en sortit un petit rouleau qu'on jugea être du parchemin, mais qui fut jeté au feu par les vandales.

Le même soir, le déboueur enleva les cendres de la statue, et les porta dans un champ situé sous la Roche-Arnaud, où, de peur qu'on ne les recueillit, elles furent dispersées aux quatre vents du ciel ! Crime abominable ! dont le récit fait aujourd'hui encore monter le rouge de la honte aux fronts des fidèles, et devant lequel les anges qui composent la cour de la sainte Vierge durent alors se voiler la face en Paradis !...

Mais hâtons-nous de le dire pour l'honneur de notre ville, ce crime impie ne fut le fait que d'un petit nombre de misérables. Toute la population, si éminemment catholique de notre cité, fut véritablement consternée de ce sacrilège attentat. Du reste, les malheureux qui participèrent à ce sacrilège attentat moururent, paraît-il, d'une mort tragique ou misérable. Puissent la sainte Vierge et son divin Fils leur avoir fait miséricorde à tous !

Hélas ! la destruction à jamais déplorable de cette précieuse statue laissera à toutes les âmes religieuses, et même aux amis de l'antiquité, un éternel regret. Mais une consolation reste à notre foi, et cette consolation paraîtra bien grande aux esprits sages et réfléchis. C'est que, si cette image était une des gloires de l'Eglise du Puy, elle n'était ni l'unique, ni même la principale. La dévotion à Notre-Dame du Puy était attachée, en effet, au sanctuaire même du Mont-Anis, et non à cette précieuse statue, qui n'avait été apportée chez nous qu'au treizième siècle. La splendeur première et la renommée principale du pèlerinage de Notre-Dame du Puy viennent donc de cette *Chambre angélique*, que la tourmente révolutionnaire a heureusement respectée, et qui existait longtemps avant que la statue miraculeuse n'enrichît notre Cathédrale. Or, dans cette auguste Basilique, Marie reçoit encore, comme par le passé, et recevra toujours, espérons-le, les hommages et les supplications de son peuple bien-aimé.

D'ailleurs, pour consoler notre foi et raviver notre dévotion, une reproduction a été faite, aussi exacte que possible, de la statue miraculeuse, détruite sous la Révolution, et cette copie fidèle de l'image si chère et vénérée a été placée à l'endroit même qu'occupait autrefois la statue donnée par saint Louis.

Il y a là, pour les âmes de foi, un adoucissement à leurs regrets, en même temps qu'un motif et une occasion de faire, par leur amour, amende honorable à Marie du crime commis au Puy envers elle il y a plus de cent ans.

Rapportons donc à la nouvelle statue les hommages et la vénération dont l'ancienne fut si longtemps l'objet de la part de nos aïeux ! Et rappelons-nous d'ailleurs que, quelle que, soit l'image qui nous représente les traits de la Mère de Dieu, nos prières et nos vœux n'en montent pas moins vers Marie, et que Marie ne les agrée et ne les exauce pas moins !

C'est, du reste, ce qu'on a très bien compris, non seulement au Puy et dans le Velay, mais aussi dans la France entière. Le concours des fidèles qui, depuis la Révolution, continuent d'affluer au Mont-Anis, en est la preuve. Comme au temps passé, la nouvelle statue a été portée plusieurs fois, en triomphe, dans les rues de notre ville ; notre siècle, issu de la Révolution, a revu les processions triomphales des siècles précédents. Comme autrefois, les populations sont accourues en foule sur le passage de la Vierge noire, et l'ont saluée de toute la vivacité de leur foi et de tout l'amour de leur cœur !

Énumérons rapidement ces marches triomphales dont la nouvelle statue de Marie a été de nos jours l'objet. La première fois que cette statue parcourut processionnellement les rues de notre ville, ce fut à l'occasion du Jubilé de 1853. L'on n'estime pas à moins de 200,000, le nombre des pèlerins qui se rendirent au sanctuaire du Mont-Anis. C'est au milieu de cette magnifique escorte que la nouvelle image de Marie fit sa première apparition dans sa bonne ville du Puy, reprenant ainsi la suite interrompue des triomphes, qui, pendant cinq siècles, avaient été décernés à la statue dont elle était la copie fidèle.

Trois ans après, 8 juin 1856, eut lieu une cérémonie magnifique, qui fut, en quelque sorte, comme le sacre définitif de la nouvelle statue. Je veux parler du couronnement dont elle fut honorée, au nom du Souverain-Pontife. 60,000 pèlerins accoururent à cette fête. Trois prélats, les évêques de Valence, de Mende et de Saint-Flour, assistaient à la cérémonie.

Pour la seconde fois, la statue de la Vierge noire fut portée en triomphe dans les rues de la ville, et couronnée solennellement sur la place du Breuil par Mgr de Morlhon. Au retour de la procession, sur la place du Martouret où avait été

CHAPITRE VINGT-UNIÈME

brûlée la première Vierge noire, la nouvelle statue reçut l'hommage officiel de sa ville de prédilection. M. le Maire, assisté de ses adjoints et de son Conseil municipal, vint offrir à la sainte Vierge un cierge monumental du poids de vingt-cinq livres, portant sur une plaque de cuivre les armes de la ville avec cette inscription : Couronnement de Notre-Dame du Puy — 8 juin 1856. — Admirable et juste réparation des outrages qui avaient été faits à Marie, à pareil jour, sur cette même place du Martouret, soixante-deux ans auparavant !

Huit ans plus tard, le Jubilé de 1864, fut, pour la statue de la Vierge noire, l'occasion d'un troisième triomphe. Plus de 100,000 pèlerins saluèrent, de leurs acclamations et de leurs vivats, l'image ressuscitée de Notre-Dame du Puy.

En 1870, une grande sécheresse désolait la contrée. Dans leur détresse, les habitants du Velay adressèrent à Mgr Le Breton, une supplique pour lui demander l'autorisation de porter processionnellement la Vierge noire. Monseigneur s'empressa d'accéder à une demande si pieuse et si légitime, et le 15 août, Marie fut portée en triomphe pour la quatrième fois.

On était alors au commencement de la guerre contre la Prusse. Chacun pressentait instinctivement de grands malheurs, et beaucoup de pauvres mères, qui avaient leurs enfants sous les drapeaux, suivaient, en priant et en pleurant l'image vénérée de la consolatrice des affligés.

En 1873, un grand souffle chrétien passa sur la France. De tous côtés se produisirent des pèlerinages nationaux aux principaux sanctuaires de notre Patrie. Dans ce réveil et cet élan de foi, le sanctuaire du Mont-Anis ne pouvait être oublié. C'est pourquoi, le 19 octobre, vit accourir au Puy une foule immense de pèlerins. Une magnifique procession eut lieu, dans laquelle la Vierge noire fut portée en triomphe pour la cinquième fois. Par une heureuse coïncidence, ce pèlerinage, véritablement national, s'ouvrit le jour même de la clôture du Concile provincial qui se tenait alors au Puy. Aussi tous les évêques de la Province, sous la présidence de leur illustre métropolitain Mgr de La Tour d'Auvergne, achevêque de Bourges, assistèrent-ils à la procession de notre Vierge noire, ce qui ne contribua pas peu à donner de l'éclat à cette cérémonie.

On le voit, la nouvelle statue de Notre-Dame du Puy n'est pas moins vénérable et vénérée que l'ancienne. Et rien ne manque plus maintenant à **sa consécration et à sa gloire.**

CHAPITRE VINGT-UNIÈME

PRIÈRE

Notre-Dame du Puy, priez pour nous !

O Marie, que nos âmes sont tristes de la perte irréparable de votre miraculeuse statue ! et combien nous déplorons le crime dont quelques malheureux, au siècle dernier, se rendirent coupables envers vous, en détruisant, par le feu, votre antique et vénérable image ! nous vous faisons aujourd'hui, de tout notre cœur, amende honorable de ce sacrilège attentat, nous vous promettons de le réparer autant qu'il dépendra de nous, en entourant de notre vénération et de notre amour la nouvelle statue qui est la fidèle reproduction de votre ancienne image. Il reste encore d'elle, dans notre pays, un grand nombre de médailles, de gravures et d'effigies peintes ou sculptées : nous les entourerons également de notre respect, nous nous opposerons de tout notre pouvoir à leur profanation, et s'il en est qui nous appartiennent, nous leur donnerons une place d'honneur dans nos maisons. Nous saluerons ausssi pieusement les vieilles statues de pierre ou de bois qui ornent encore les angles de quelques-unes de nos rues, nous rappelant que nos pères les avaient placées là afin d'être toujours sous le regard et la bénédiction de leur auguste protectrice.

O Marie, dès ce jour, nous vouons à toutes vos images un culte et une dévotion dont la ferveur ne se ralentira jamais ! Nous placerons votre portrait dans nos demeures à côté de celui de votre divin Fils. Nous porterons toujours aussi avec nous, outre votre scapulaire, une de vos médailles. Puissiez-vous avoir pour agréables ces honneurs et cet amour rendus à votre personne auguste.

Enfin, nous reproduirons surtout en nous l'image de vos vertus, nous nous attacherons de toutes nos forces à imiter votre pureté, votre humilité, votre obéissance, votre patience et votre charité! O Marie, bénissez-nous! protégez-nous pendant tout le cours de cette misérable vie, et quand viendra l'heure de notre mort, faites-nous la grâce d'aller vous voir éternellement avec les anges en Paradis. *Amen.*

Salve Regina!

CHAPITRE VINGT-DEUXIÈME

Du couronnement de la statue de Notre-Dame du Puy.

C'EST Mgr de Morlhon, de digne et sainte mémoire, qui conçut le premier le projet d'ajouter à la Cathédrale du Puy, un lustre qu'aucune autre Eglise de France ne pouvait réclamer avec des titres plus nombreux et plus authentiques. Nous voulons parler du couronnement de sa célèbre vierge noire!...

Quelle statue méritait mieux cet hommage? N'est-ce pas de son sanctuaire angélique que le pape Léon IX disait déjà au onzième siècle : « Dans cette église du mont Anis ou du Velay, qui est appelée le Puy Sainte-Marie, la mère de Dieu est honorée, aimée et vénérée par tous les habitants de la France entière, d'un culte plus spécial, d'un amour plus fervent qu'en aucune autre Eglise élevée en son honneur... » Le pape Pie IX ne pouvait donc refuser à Notre-Dame du Puy un hommage qui n'était que la consécration de l'estime particulière dont elle avait toujours été l'objet de la part des Souverains Pontifes, ses prédécesseurs. L'honneur d'un couronnement solennel fut donc accordé par Pie IX à la vierge du mont Anis, et Mgr de Morlhon fut délégué pour cette sublime fonction.

La grande place du Breuil fut choisie pour être le théâtre de cette auguste cérémonie. A cet effet, une magnifique estrade de vingt mètres de face sur dix de profondeur, fut dressée avec un grand autel, surmonté d'un riche pavillon. De chaque côté de l'autel, des places furent ménagées pour la statue, les couronnes, les évêques et les principales autorités.

Dès la veille au soir, selon les prescriptions du programme, un clergé très nombreux se réunit à la Cathédrale devant l'autel de la Sainte Vierge, pour le chant solennel de l'*Ave Maris Stella* et des Litanies. Conformément au cérémonial, la sainte Image avait été placée sous un riche baldaquin dans le sanctuaire. Huit grosses torches brûlaient devant elle sur des chandeliers de bronze doré. A droite et à gauche, sur de riches coussins de velours brodé d'or étaient les couronnes. La sainteté du lieu pouvait seule contenir la foule des spectateurs qui se pressaient contre les grilles du chœur et contre la table de communion pour se rassasier de ce magnifique spectacle. Mais ce qui attirait surtout l'attention, après les éclatants diadèmes tout scintillants du

CHAPITRE VINGT-DEUXIÈME

feu des pierreries et des diamants, c'était le brancard sur lequel était posée la statue et qui devait, le lendemain, servir à sa marche triomphale. L'œil se perdait dans cette profusion de bijoux qui le ravissaient au premier aspect, par leur éblouissante richesse ; mais le goût exquis qui avait présidé à leur disposition, la légèreté, la grâce de ce monument de fleurs, d'or, d'émail, de perles et de diamants, faisaient admirer les pieuses et habiles mains qui l'avaient dressé, plus encore que toutes les magnificences qu'il étalait. Ce chef-d'œuvre de grâce et de bon goût était l'ouvrage des religieuses de l'Hôtel-Dieu.

Le lendemain, dès la première aube, le gros bourdon de la Cathédrale, auquel répondaient tous les autres clochers, annonçait à la ville le jour béni qui commençait à luire. Mais il ne la réveillait pas. On avait été sur pied toute la nuit pour compléter les dispositions qui avaient occupé les jours précédents. Dès quatre heures, la Cathédrale était remplie d'une affluence qui ne cessa qu'au signal de la procession. C'était au point que, des communautés entières, des congrégations d'hommes et de femmes qui s'étaient proposé de recevoir la communion dans la Basilique, ne purent y pénétrer, pas plus qu'une foule de particuliers qui furent obligés d'aller dans d'autres églises satisfaire leur dévotion.

Cependant, comme par un coup de baguette magique, les rues de la ville s'étaient soudainement transformées en bosquets et en jardins, en fraîches et odorantes allées. Rien de plus gracieux, de plus pittoresque et de plus grandiose tout à la fois.

Depuis le rez-de-chaussée jusqu'aux dernières mansardes, et jusque sur le sommet des toits, les murs avaient disparu sous la verdure et les fleurs, ainsi que sous les oriflammes multicolores toutes couvertes de chiffres, de devises et d'inscriptions en l'honneur de Marie. A chaque pas c'étaient des effets nouveaux, des surprises ménagées avec un art infini !

La procession fut splendide, et la beauté du spectacle qu'elle présenta sur la place du Breuil dépasse véritablement toute imagination. Le temps, qui jusqu'alors avait été pluvieux et froid, devint ce jour-là d'une admirable sérénité. Un soleil pur et radieux éclairait la fête. De milliers de bannières et d'oriflammes, de guidons et de labarums, avec leur or, leur argent, leur soie, leur moire aux couleurs blanche, rouge, rose ou bleue, flottaient joyeusement au souffle de la brise. Les musiques et les chants, les tambours et les clairons, tantôt s'alternant, tantôt se confondant, étaient comme l'expression de toutes les ardeurs et de toutes les prières qui s'échappaient de cette multitude de cœurs dont se composait le cortège triomphal de Marie. Après que la procession se fut rangée avec ses spirales infinies dans l'immense place du Breuil, trop étroite ce jour-là pour contenir la foule, un roulement de tambours annonça le commencement de la messe pendant laquelle se firent entendre les harmonies des six corps de musique espacés çà et là dans les rangs de l'assistance. Après l'Evangile, le R. P. Nampon prononça un discours magnifique. Puis, la messe terminée, Mgr de Morlhon procéda au couronnement de la statue. Les évêques de Valence, de Mende et de Saint-Flour l'assistaient dans cet acte qui s'accomplit au milieu d'un calme solennel.

Et quand la sainte Vierge et le divin Enfant apparurent enfin sous les emblèmes, l'un de son éternelle royauté, l'autre de sa miséricordieuse puissance, les cloches sonnèrent soudain à toutes volées, les tambours battirent aux champs, les fanfares firent entendre leurs plus beaux airs de victoire. Tous les yeux étaient mouillés de larmes. Mais l'émotion augmenta encore quand on vit Monseigneur, la tête nue et agenouillé devant la Reine couronnée, lui faire la consécration de sa personne et de son diocèse.

La cérémonie était accomplie. Après une courte et admirable allocution de Monseigneur, la procession reprit le chemin de la Cathédrale. Chemin faisant, sur la place du Martouret, la Vierge noire reçut les hommages de la municipalité qui offrit à la statue couronnée un cierge monumental du poids de vingt-cinq livres. Après quoi les prélats, d'un commun accord et d'une commune voix, donnèrent leur bénédiction à la ville qui faisait ce triomphe à Marie.

Il était trois heures et demie lorsque la procession rentra dans l'église; on était donc resté sur pied près de six heures. Mais personne ne se plaignait de la fatigue. Personne même n'y pensait.

Le soir clôtura dignement cette fête du couronnement de la Vierge. Jamais la ville du Puy n'avait été plus splendidement illuminée. Jamais ses rues, d'ordinaire si solitaires et si silencieuses après l'heure du couvre-feu, n'avaient été sillonnées par une foule aussi nombreuse, aussi digne d'attitude, et d'un maintien aussi recueilli et aussi décent. La nuit commençait à peine, qu'un feu d'artifice s'allumait comme par enchantement sur la plate-forme du mont Corneille. Sous un ciel d'une clémence et d'une pureté parfaites, les fusées s'élançaient triomphalement dans les airs pour retomber en pluie d'étoiles d'or, de pourpre et d'azur. Toutes les crêtes des hauteurs environnantes étaient embrasées de feux multicolores. La façade de la cathédrale était également en feu, et son vieux clocher, décoré de lanternes vénitiennes, se détachait dans la nuit comme un doigt lumineux mystérieusement levé vers le ciel. La ville, de son côté, était véritablement éclairée à jour. La lumière ruisselait de tous les balcons et de toutes les fenêtres. La plus humble mansarde, la plus pauvre demeure avait son lumignon. Dans un des quartiers les plus pauvres, un riche rentier avait eu la pieuse pensée de distribuer un nombre considérable de luminaires de tout genre, « afin, disait-il, qu'il n'y eut pas un seul habitant du Puy, si misérable fût-il, qui n'eût aussi sa part dans l'illumination. » Touchante et délicate attention inspirée par l'amour de Marie, et qu'il sied bien de rappeler ici pour l'édification des âges futurs.

Cependant les corps de musique, les chœurs de chant occupaient les postes qui leur avait été répartis, et ne contribuaient pas peu, par leurs joyeuses fanfares ou l'harmonie de leurs concerts, à entretenir et à augmenter l'entrain général. Les séminaristes s'étaient établis sur l'estrade du Breuil, et leur riche répertoire de motets et de cantiques attirait autour d'eux une foule énorme. Même empressement, malgré l'heure avancée de la nuit, autour des musiques d'Espaly, de la Chartreuse, de Monistrol et des pompiers qui s'étaient installés sur les boulevards et places publiques. La musique du Pensionnat des Frères, perchée sur la cime du mont Corneille, envoyait-elle aussi à la ville de lointains échos d'harmonie interrompus par les explosions des fusées et des pièces d'artillerie.

Bref, il était plus de minuit, lorsque le besoin du repos força enfin à la retraite, et termina cette soirée, digne complément d'une sainte et immortelle journée.

PRIÈRE

Notre-Dame du Puy, priez pour nous !
Vous avez été solennellement couronnée reine du Velay ; la royauté dix-huit fois séculaire que vous aviez exercée sur notre pays, la sainte Eglise l'a confirmée par la couronne d'or qu'elle a déposée sur votre tête, aux acclamations du peuple Vellavien tout entier. Désormais, par un titre formel et authentique, vous êtes constituée la patronne et la souveraine de nos montagnes, et le Velay maintenant est devenu votre domaine spécial. C'est un droit de plus que nous avons acquis à votre sainte protection. Mais il est, ô Marie, une couronne bien plus précieuse à vos yeux que le riche diadème qui a été déposé au Puy sur votre front, le jour de votre joyeux couronnement : C'est cette couronne spirituelle d'*Ave Maria,* dont vous avez instamment réclamé l'hommage à Lourdes, lors des miraculeuses apparitions que vous y avez

faites. Ah! cette couronne mystique, nous vous l'offrirons désormais, chaque jour. Oui, tous les jours, par la pieuse récitation du chapelet, nous vous tresserons le diadème qui vous est agréable par-dessus tous les autres. Ce diadème, nous le composerons, par nos prières, de roses et de lis. Chaque *Pater*, dit par nous à vos pieds, sera comme un beau lis, chaque *Ave Maria* une belle rose que nous déposerons avec bonheur sur votre front. Puisse cet hommage vous plaire, ô Marie! et puissions-nous, en retour, recevoir de votre main, après cette vie, la couronne de gloire réservée à tous vos fidèles serviteurs. Ainsi soit-il!

Salve Regina!

CHAPITRE VINGT-TROISIÈME

De quelques faveurs extraordinaires obtenues par l'intercession de Notre-Dame du Puy.

IL n'est point, en France, de sanctuaire que Marie ait honoré d'une protection aussi constante et aussi spéciale que l'Eglise angélique de Notre-Dame du Puy. Nous n'entreprendrons point de raconter ici toutes les faveurs plus ou moins signalées qu'ont obtenues ceux qui l'ont visitée, ou qui, ne pouvant s'y transporter en personne, l'ont envoyé visiter en leur nom, ou même qui ont simplement invoqué son souvenir. Beaucoup de ces faveurs n'ont jamais été connues que de ceux qui en ont été l'objet, car la piété même la plus reconnaissante a quelquefois sa pudeur et sa timidité. Un grand nombre de ces grâces miraculeuses se sont perdues et devaient se perdre dans la nuit des temps. Néanmoins on en avait recueilli beaucoup. Les premières histoires de Notre-Dame du Puy parlent fréquemment de procès-verbaux, d'attestations, de recueils, de registres gardés dans la sacristie. Mais tous ces documents ont été lacérés ou brûlés en 1793. Heureusement que les historiens nous ont conservé le récit de quelques faits miraculeux parmi lesquels nous allons choisir les principaux traits suivants :

Pendant un hiver rigoureux, un habitant du Midi conduisait au Puy la troupe de ses mulets richement équipée et chargée de vins et autres denrées. Après avoir passé le village de Costaros, au lieu de suivre la route la plus directe, il s'égara pendant une tourmente et alla tomber dans les glaces qui couvraient le lac du Bouchet. Lorsqu'il fut au milieu de ce lac, la glace s'entr'ouvrit tout à coup sous les pieds de ses mulets. Il allait être englouti avec eux, mais, en présence d'un péril aussi imminent, ce pieux serviteur de Marie éleva ses mains suppliantes vers Notre-Dame du Puy, en la conjurant de le sauver, et lui promettant de lui donner le plus beau de ses mulets, qui, orné d'un beau panache rouge et d'un élégant collier de grelots dorés, se trouvait à la tête du convoi. Les vœux du pieux muletier furent exaucés, il fut assez heureux pour sortir sain et sauf de ce gouffre, et pour se rendre au Puy aux pieds de la Vierge. En 1842, une tradition populaire montrait encore, sous le grand arceau de l'escalier et près de la porte de la Cathédrale, quatre fers de cheval que l'on prétendait avoir été placés là pour perpétuer la **mémoire de cette miraculeuse délivrance.**

Vers les fêtes de Noël, 1320, un petit clerc de

Notre-Dame s'en allait gaîment par les rues du Puy en chantant un des cantiques qu'on lui avait appris à l'école. Arrivé dans la rue des Farges, près de laquelle habitaient les juifs, il se mit à entonner de sa plus belle voix ce verset pris dans l'office de l'Avent et ainsi conçu : « *Erubescat judæus infelix, qui Christum natum dicit de viri semine !* Que le malheureux juif rougisse, lui qui prétend que la naissance de Jésus-Christ n'est pas différente de celle des autres hommes ! » A ce verset, il ajouta ensuite quelques couplets en l'honneur de l'Enfant-Jésus et de sa très sainte Mère. Un méchant juif qui l'entendit, s'en irrita comme d'une insulte personnelle, et jura de tirer vengeance de l'innocent enfant. A la faveur des ténèbres de la nuit, il parvient à attirer le petit clerc chez lui, l'enferme, l'égorge cruellement et l'ensevelit en secret dans un coin de son habitation.

Plusieurs mois s'écoulèrent ; les chanoines, ne voyant plus leur petit clerc revenir à Notre-Dame, crurent qu'il s'était sans doute enfui pour vagabonder, ce dont ils eurent grand chagrin. Mais le dimanche des Rameaux suivant, comme la procession passait près de la fontaine des Farges, non loin de laquelle le meurtre avait été commis, voici que l'enfant dont la disparition était restée un mystère, s'élance subitement hors de la maison du juif, en chantant, d'une voix claire et mélodieuse, l'antienne : « *Gaude Maria Virgo, cunctas hœreses sola interemisti in universo mundo*. Réjouis-toi, Marie ! seule tu as abattu dans le monde entier toutes les hérésies ! » Il raconte alors les circonstances de l'horrible meurtre dont il avait été victime, et finit en déclarant qu'il vient d'être ressuscité par la Vierge du Mont-Anis. A ce récit, la foule se précipite furieuse dans la maison du meurtrier, s'empare de ce misérable, le tue sans pitié, et traîne ensuite son cadavre sanglant et mutilé dans les égoûts de la ville. Cette exécution sommaire de la justice du peuple fut suivie de l'expulsion immédiate de tous les juifs.

En 1588, au collège de la Compagnie de Jésus, à Billom, le P. Jean de Villars, atteint de la peste, fut miraculeusement guéri par Notre-Dame du Puy, bien que son état fut désespéré au point qu'on avait déjà creusé sa fosse pour l'enterrer.

En 1608, les régents du même collège de Billom attestèrent qu'un de leurs écoliers revint des portes de la mort en faisant vœu d'entrer dans la congrégation de la Sainte-Vierge et de se rendre au Puy pour la visiter.

En 1624, Madeleine Delmas, de la paroisse d'Ussel en Vivarais, fut prise, à l'âge de huit ans, d'un mal si étrange, que ses genoux s'étaient repliés contre son estomac. Etant dans l'impossibilité de prendre aucune nourriture, elle était consumée par la faim, et ses chairs émaciées laissaient percer les os de tous côtés. Cette pauvre orpheline, qui n'avait d'autre ressource au monde qu'une tante qui l'avait prise à sa charge, fut bientôt délaissée par les médecins qui déclarèrent ne rien connaître dans leur art qui fut capable de la soulager. Mais un vœu que la pauvre enfant fit à Notre-Dame du Puy, montra, par une éclatante et subite guérison, que Marie, plus puissante que les hommes, a des remèdes qui échappent à toute la science des médecins.

En 1513, un des membres de la célèbre famille des d'Apchier de Vabres, dut la vie à l'invocation de Notre-Dame du Puy. Une énorme poutre qui tomba sur le corps de ce noble chevalier, ne lui laissait aucun espoir de conserver ses jours. Dans cet état désespéré, il eut recours à Notre-Dame du Puy et fut aussitôt guéri, au grand étonnement de tous ceux qui avaient été témoins de cet accident épouvantable. On voit encore aujourd'hui, près de la porte de la sacristie, le tableau que ce seigneur, après sa guérison, fit mettre en *ex-voto* dans le sanctuaire de Notre-Dame.

En 1690, un couvreur du Puy, nommé Jean Giraud, réparant à Clermont le clocher de l'église Saint-Pierre, sentit avec effroi se rompre la corde avec laquelle il s'était élevé jusqu'à la flèche. Mais la pensée de Notre-Dame du Puy s'étant présentée à son esprit, son cœur se tourna vers elle, et une main invisible le soutint dans les airs de manière à ce qu'il ne se fît aucun mal.

Des volumes ne suffiraient pas pour reproduire seulement la liste de tous les prodiges opérés par la médiation de Notre-Dame du Puy. Autant vaudrait, dit un chroniqueur, compter les fleurs des prairies et les étoiles du ciel !

Mais c'est surtout au milieu des épidémies et des calamités publiques que la Reine du Mont-Anis fit éclater sa puissance et sa commisération.

En 1461, la peste désolait Limoges et les pays circonvoisins. Les habitants s'empressèrent de recourir à Notre-Dame : ils établirent une confrérie en son honneur et envoyèrent au Puy une députation chargée d'offrir à Notre-Dame cent livres de cire, et aussitôt la peste fut chassée.

En 1494, le même fléau sévissait à Bordeaux avec tant de violence que les bras manquaient pour enterrer les morts. Les citoyens se souvinrent enfin de Notre-Dame du Puy et firent célébrer, en son honneur, une messe à la fin de laquelle ils promirent de lui envoyer un cierge de cinquante livres. Immédiatement le fléau s'arrêta tout court, et dans leur reconnaissance, au lieu du cierge de cinquante livres, les Bordelais en envoyèrent un de deux cents que leurs délégués vinrent offrir à Notre-Dame en chemise et les pieds nus.

En 1588, Toulouse étant également désolée par la peste, se voua à Notre-Dame du Puy et lui envoya un beau cierge orné de ses armes et pesant un quintal. Ce qui lui obtint immédiatement de la bonne Vierge une complète délivrance.

Deux fois Lyon implora solennellement le secours de la patronne du Velay contre une affreuse mortalité qui la décimait. En 1563, le fléau s'y était déjà déclaré depuis plus d'un an et y faisait de nombreuses victimes. Au nom de la ville, le jésuite Edmond Auger, un des grands prédicateurs de ce temps-là, vint présenter à l'autel de Notre-Dame les dons qui lui avaient été voués, et Marie, qui semblait n'attendre que cet acte de piété, mit aussitôt fin à la redoutable contagion.

Une autre fois, en 1629, la même ville de Lyon, en proie depuis cinq mois à une épidémie épouvantable, eut recours de nouveau à Notre-Dame du Puy qui la délivra aussitôt du fléau dont elle était atteinte. Dans cette circonstance, ce fut un capucin du Puy qui fut chargé, par les Lyonnais, d'acquitter auprès de Notre-Dame leur dette de reconnaissance.

Un siècle plus tard, 1723, la petite ville de Langogne, menacée de la peste qui était déjà à ses portes, implora la protection de Notre-Dame du Puy et lui voua un pèlerinage solennel. Ce vœu obtint son effet. La paroisse de Langogne fut respectée par le fléau alors que toutes les paroisses environnantes en furent cruellement atteintes. Un des rares tableaux qui ont été sauvés du vandalisme de 1793 nous a conservé ce souvenir.

Enfin on cite également les villes de Montferrand, de Saint-Chamond et de Feurs, comme ayant été délivrées aussi de la peste par la protection de Notre-Dame du Puy.

Nous n'en finirions pas si nous voulions continuer l'énumération des différentes grâces miraculeuses obtenues le long des siècles par l'intercession de Notre-Dame du Puy. Celles que nous venons de citer donnent au moins une idée des autres. Mais de tout ce chapitre, il faut conclure que nulle part la sainte Vierge ne s'est mieux montrée qu'au Puy, le refuge des pécheurs, le secours des malheureux, la consolation des affligés, le salut des infirmes, la mère de tous les chrétiens.

PRIÈRE

Notre-Dame du Puy, priez pour nous!

O Marie, votre puissance n'a d'égale que votre bonté, et nous venons de voir comment vous daignez mettre l'une et l'autre au service de ceux qui vous implorent et qui vous aiment. Heureux donc, dirons-nous en vous appliquant les paroles de la sainte Ecriture, heureux, ô Marie, ceux qui placent en vous leur confiance! Oui, il est bon de se confier en vous, plutôt que de se reposer sur la protection des hommes, d'espérer en vous plutôt que de mettre son espérance dans les puissants du monde! Bien convaincus de cette vérité, c'est à vous désormais, ô Vierge secourable, que nous nous adresserons dans tous nos maux!

Oui, si la maladie nous étend sur un lit de douleur, si quelque danger vient à menacer des personnes qui nous sont chères, c'est à vous, ô Marie, que nous nous adresserons pour obtenir, tout en nous conformant à la volonté de Dieu, le soulagement de nos souffrances, la guérison de nos infirmités ou la conservation des êtres qui nous sont chers. Nous vous dirons comme il fut dit autrefois à Jésus : « Celui que vous aimez est malade! et, comme Jésus, votre cœur, à cette simple prière, sera touché de compassion, et vous guérirez, s'il plaît à Dieu, ceux qui vous aiment!

Si les passions se révoltent dans notre cœur comme des bêtes farouches, si les tentations s'élèvent dans notre âme comme d'impétueuses tempêtes, si notre faiblesse et notre fragilité nous exposent à de tristes chutes, c'est encore vers vous, ô Marie, que nous tournerons nos regards avec d'autant plus de confiance que nous saurons plus certainement que nos demandes ne peuvent manquer de vous plaire : Nous vous dirons alors la prière que saint Pierre disait un jour à Jésus, pendant la tempête : *Salva nos, perimus?* Sauvez-nous, car nous périssons! Et, comme Jésus, vous nous sauverez aussi, en délivrant notre âme des étreintes du démon !

Enfin, si, ce qu'à Dieu ne plaise, le péché s'empare de notre âme et nous fait des blessures mortelles, au lieu de nous livrer au découragement et au désespoir, nous nous souviendrons, ô Marie, que vous êtes le refuge des âmes égarées; nous vous prierons avec une nouvelle ardeur; nous nous écrierons du fond de notre misère : « O Vierge clémente, qui avez tiré tant de pauvres âmes de l'abîme du péché, ayez pitié de nous, et n'abandonnez pas notre âme à l'enfer! » Et, puisque vous en avez le pouvoir, ô Marie, vous nous convertirez, et vous nous obtiendrez la même grâce que Jésus fit au bon larron, la grâce d'être un jour en Paradis avec vous et avec votre divin Fils. Ainsi soit-il!

Notre-Dame du Puy, priez pour nous!

Salve Regina!

CHAPITRE VINGT-QUATRIÈME

Quels saints sont venus en pèlerinage à Notre-Dame du Puy?

LE sanctuaire de Notre-Dame du Puy attirait les âmes saintes comme la ruche attire les abeilles. C'est une procession magnifique, que celle qui a été faite à travers les âges, par la foule des saints venus en pèlerinage au Mont-Anis. Nous allons rappeler ici le souvenir de quelques-uns d'entre eux et l'offrir à Marie comme une de ses plus glorieuses couronnes.

Dès le commencement du Christianisme, nous voyons saint Martial, l'apôtre de l'Aquitaine, sur le bruit du miracle qui s'était produit au Mont-Anis, venir visiter notre montagne sainte, où Marie avait daigné apparaître et opérer des guérisons. Il désigna lui-même la place de l'autel que l'on devait y élever, et, en souvenir de son pèlerinage, il laissa, en relique, un soulier de la sainte Vierge qui se trouve encore dans le trésor actuel des reliques de la Cathédrale.

Vers la fin du septième siècle, saint Calmilius

fondateur de la célèbre abbaye du Monastier, vint plus d'une fois invoquer, dans son sanctuaire, Notre-Dame du Puy, et mettre sous sa protection l'établissement qu'il avait fondé dans nos montagnes.

Le commencement du huitième siècle vit également venir souvent à l'Eglise angélique du Mont-Anis, saint Eudes, premier abbé du Monastier, que certains auteurs font naître en Velay, d'une noble et riche famille de notre pays.

Saint Théofrède ou saint Chaffre, neveu de saint Eudes et son successeur dans le gouvernement de l'abbaye du Monastier, ne fut pas moins dévôt que son oncle envers Notre-Dame du Puy. Maintes fois, en effet, il se plût à la visiter sur sa sainte montagne, et mérita de finir ses jours par le martyre que les Sarrasins, qui avaient envahi le Velay, lui firent méchamment subir le 19 octobre 728.

Dans la seconde moitié du dixième siècle, vers 960, saint Mayol, abbé de Cluny, vint aussi en pèlerinage au Puy-Sainte-Marie. Ce saint était, depuis 948, le chef du plus grand monastère des Gaules. Il exerçait sur le monde chrétien un tel empire, que plus tard il fut supplié, mais en vain, d'accepter le souverain pontificat. Ses vertus et ses lumières en faisaient un véritable dictateur spirituel de l'Eglise.

Quand il vint au Puy, la ville entière se porta à la rencontre de l'illustre pèlerin. Chacun voulait recevoir sa bénédiction et entendre les paroles qui sortiraient de cette bouche éloquente. Le peuple, les grands et le clergé étaient accourus en foule. Des louanges et des applaudissements universels se faisaient entendre sur son passage, et tous saluaient à l'envi, avec une pieuse vénération, cette grande gloire de Dieu. Le saint, accompagné de cette foule immense, se dirigea vers l'Eglise angélique, au sortir de laquelle il guérit un aveugle.

En souvenir de ce miracle, la mémoire de saint Mayol est restée en grande bénédiction au Puy, où l'Université de la Cathédrale l'avait choisi pour son patron, et où sa fête était solennellement célébrée le onzième jour de mai.

A l'exemple de saint Mayol, saint Odon ou Odilon vint souvent, lui aussi, prier Notre-Dame dans son sanctuaire du Mont-Anis. Ce saint, de la famille des barons de Mercœur, si honorablement connue dans le Velay, fut d'abord élevé au Puy, où il possédait même une dignité ecclésiastique, et devint ensuite chanoine à Brioude. Saint Mayol, étant venu dans cette ville, témoigna beaucoup d'affection au jeune chanoine, et lui persuada de quitter son canonicat pour embrasser l'état plus parfait de la vie monastique. Odilon entra à Cluny en 991, et succéda à saint Mayol en 994. La renommée de ses vertus et son amour pour Notre-Dame du Puy, lui ayant fait offrir l'évêché de cette ville, il s'honora aux yeux de Dieu et des hommes, en refusant d'accepter ce siège, par amour de la solitude et par humilité. Sur son refus, Etienne de Mercœur, son neveu, fut fait évêque à sa place en 1030.

Au commencement de cet épiscopat, Notre-Dame du Puy reçut une visite non moins illustre, dans la personne de saint Robert. Ce saint, après avoir fait le pèlerinage de Rome pour connaître la volonté de Dieu sur lui, en priant au tombeau des saints apôtres, se sentit pressé de recourir encore plus particulièrement à Marie, et vint en pèlerinage au sanctuaire du Mont-Anis. Peu de temps après, deux chanoines du Puy lui ayant concédé un terrain, il y fonda le célèbre monastère de La Chaise-Dieu, où il mourut en 1067, après avoir réuni, dans son abbaye, plus de trois cents moines.

Après saint Robert, c'est saint Hugues, évêque de Grenoble, qui vient à deux reprises (1087 et 1130), offrir à Notre-Dame du Puy le tribut de ses hommages et de ses prières. La dernière fois qu'il y vint, ce fut à l'occasion du Concile qui se tint dans l'Eglise angélique. Quoique nonagénaire, il voulut s'y rendre pour décider entre les deux prétendants à la Papauté, Anaclet et Innocent II. Il ne contribua pas peu à faire excommunier le premier et à faire reconnaître le second pour véritable chef et pasteur suprême de l'Eglise de Jésus-Christ.

Quelque temps auparavant, 1127, un autre personnage non moins distingué par ses vertus, saint Etienne, fondateur de l'Ordre de Grammont, vint également en pèlerinage à Notre-Dame du Puy.

Mais un des plus illustres visiteurs de notre sanctuaire, fut sans contredit Pierre le Vénérable, abbé de Cluny, qui, marchant sur les traces de ses devanciers, s'estima heureux de pouvoir, comme saint Mayol et saint Odilon, vénérer dans son Eglise angélique, celle qui a donné le Sauveur au genre humain.

Pierre le Vénérable vint plusieurs fois au Puy. La première fois, c'était en 1138. Le bruit de ses hauts mérites l'avait précédé, et sa réputation de sainteté fut confirmée par un miracle éclatant qui eut lieu dans le sanctuaire même du Mont-Anis, où il délivra un paysan qui avait avalé une couleuvre pendant qu'il dormait dans les champs, ce qui faisait endurer au pauvre malheureux des souffrances insupportables.

Pierre le Vénérable nous apprend lui-même, dans ses lettres, qu'il revint une seconde fois au sanctuaire du Mont-Anis, au moment où s'y trouvait le roi Louis VII (1146), avant son expédition pour la Syrie, et il donna au Puy le surnom de cour royale, non point comme on pourrait le croire à cause de la présence d'un roi de la terre dans l'enceinte de cette ville, mais par honneur pour la Reine du ciel qui s'en est déclarée la glorieuse patronne.

A ce long défilé de saints, il faut joindre encore Benoît-Joseph Labre. Cet illustre et dévot pèlerin ne pouvait manquer de visiter le sanctuaire de Notre-Dame du Puy. Il y vint, en effet, et c'est à la porte de l'ancien monastère de la Visitation, que le bienheureux mendiant allait demander, pendant son séjour au Puy, le peu de nourriture qu'il n'accordait à son corps que dans la proportion absolument nécessaire pour ne pas mourir de faim.

Il est impossible d'énumérer ici tous les saints qui sont venus prier la sainte Vierge dans son célèbre sanctuaire du Mont-Anis. Mais le peu que nous avons dit, prouve bien qu'une secrète attraction attirait au Puy toutes les âmes véritablement éprises de l'amour de Jésus et de Marie. L'on peut donc dire en toute vérité que notre illustre pèlerinage a été, pendant de longs siècles, le pieux rendez-vous des saints.

PRIÈRE

Notre-Dame du Puy, vénérée par tant de saints, priez pour nous.

O Marie, la terre du Velay est une terre sainte. Elle a été en quelque sorte sanctifiée par le passage des saints venus en dévotion à votre célèbre pèlerinage. Votre sanctuaire du Mont-Anis, en particulier, a été pendant de longs siècles le rendez-vous préféré de la sainteté. C'est là que vos fidèles serviteurs sont venus en si grand nombre épancher à vos pieds, leur prière et leur cœur. O Marie, nous ne sommes pas dignes, après eux, de fouler de nos pieds, ni même de baiser de nos lèvres, le pavé de votre temple: nos pieds ont tant couru dans les sentiers du mal, que c'est une profanation d'oser poser l'empreinte de nos pas sur les traces des saints qui sont venus s'agenouiller ici! nos lèvres aussi ont été si souvent l'instrument du péché qu'elles ne méritent même pas d'essuyer le parvis sacré de votre temple, ni de faire monter, jusqu'à votre trône, des paroles de prières! Cependant, ô Marie, si vous ne tenez compte que de notre indignité, si vous ne prenez pas pitié de nous, comment pourrons-nous donc cesser d'être pécheurs? Nous voulons bien ne plus offenser Dieu et nous convertir : mais comment le ferons-nous, si vous ne nous aidez pas à sortir de l'abîme du péché! O Notre-Dame du Puy, au nom de tous les saints qui vous ont prié dans votre sanctuaire du Mont-Anis, tendez-nous aujourd'hui une main secourable. Voyez l'ardent désir que nous avons de vous aimer, de vous servir et de vous honorer comme les saints. O Marie, convertissez-nous, purifiez-nous, sanctifiez-nous, afin qu'après vous avoir rendu hommage ici-bas par la sainteté de notre vie, nous méritions un jour d'aller goûter, auprès de vous, le bonheur du ciel! Ainsi soit-il!

Reine de tous les saints, priez pour nous!

Salve Regina!

CHAPITRE VINGT-CINQUIÈME

Les rois de France et Notre-Dame du Puy.

DANS un chapitre antérieur nous avons déjà vu comment Charlemagne ouvrit la série des pèlerinages des rois de France à Notre-Dame du Puy. Son fils Louis le Débonnaire, roi d'Aquitaine, vint au Puy, du vivant de son père (795). Et Marie ne dut pas regarder, sans intérêt, ce jeune prince de dix-sept ans, prosterné et recueilli devant ses autels. Il y revint, plus tard, deux autres fois (832 et 833), avec Judith son épouse, pour implorer le secours de la divine Mère dans les afflictions qui troublaient sa vie domestique. Ce prince, ainsi que son fils, l'empereur Charles, s'occupèrent beaucoup des affaires de l'abbaye du Monastier, voisine du Puy. Plusieurs Chartes de cette abbaye en font foi et prouvent qu'ils étaient les protecteurs du plus grand monastère du Velay.

En 1877, Charles le Chauve, roi de France et empereur d'Allemagne, s'en vint en pèlerinage au temple angélique, avec l'impératrice Richilde, son épouse. Guy Ier, évêque du Puy, l'accueillit avec la pompe due à son rang, et l'accompagna jusqu'à Lyon.

En 892, le roi Eudes vint à son tour prier Marie au sanctuaire du Mont-Anis. C'était à l'époque des invasions normandes pendant lesquelles la ville du Puy, grâce à son pèlerinage, joua un rôle extrêmement glorieux et important ; ce pèlerinage, connu alors de la France entière, décida le roi Eudes à choisir le Puy-Sainte-Marie pour y organiser la défense nationale. Mais homme de foi profonde, comme le prouve le cadeau qu'il fit à Brioude au tombeau de saint Julien, il dut implorer bien des fois au Puy la céleste patronne du Velay. Pouvait-il, en effet, oublier aux pieds de notre montagne d'Anis, la protection toute puissante de Celle qu'avaient invoquée, avant lui, dans le même lieu, Charlemagne, Louis le Débonnaire et Charles le Chauve ?

En 1029, la dévotion amena également le roi Robert aux pieds de Notre-Dame du Puy.

En 1146, Louis VII, dit le Jeune, ayant pris la croix à la persuasion de saint Bernard, ne voulut pas se mettre en route sans avoir accompli le vœu qu'il avait fait à la très sainte Vierge de venir dans son sanctuaire du Mont-Anis, mettre sous sa puissante protection le succès de son entreprise. Cet acte de piété de Louis VII fut imité par son fils Philippe-Auguste, qui, lui aussi, avant d'entreprendre le voyage d'Outre-Mer, s'en vint, comme son père, implorer le secours de Notre-Dame du Puy (1188).

On sait, par le récit que nous en avons fait dans un chapitre précédent, comment saint Louis, en 1254, apporta d'Egypte au Puy, la miraculeuse statue de la Vierge noire. Le saint roi resta trois jours dans la cité de Notre-Dame. Il était accompagné de sa vertueuse épouse, Marguerite de Provence. Et tandis que le pieux monarque dotait l'Eglise angélique de la statue miraculeuse de Marie, la reine détachait le diadème orné de pierres précieuses qui parait son front, et le déposait sur l'autel de Notre-Dame, en signe d'hommage et de dépendance. Ce pèlerinage était le second fait par saint Louis au sanctuaire du Mont-Anis, où il était déjà venu une première fois en 1245.

Philippe III et Philippe IV imitèrent le saint roi. Le premier (1283) vint acquitter le vœu qu'il avait fait sur les plages d'Afrique, d'aller en pèlerinage à Notre-Dame du Puy, si le ciel le rendait à sa patrie et à son peuple. En témoignage de reconnaissance, il offrit à la sainte Vierge une croix d'or, enrichie d'une parcelle de la vraie croix et d'une partie de l'éponge imbibée de fiel et de vinaigre qui fut présentée au Sauveur par ses bourreaux. Quant à Philippe IV, dit le Bel (1285), il fit présent à Notre-Dame d'un magnifique calice d'or.

En 1394, le roi Charles VI visita également la sainte Basilique. On sait dans quel état de démence une frayeur subite avait jeté ce pauvre roi. Désireux de trouver un remède aux accès de frénésie auxquels il était souvent sujet, il s'en vint à Notre-Dame du Puy, accompagné des ducs de Berry et de Bourgogne, ses oncles. Il assista, le soir même, à Complies, qui furent célébrées avec grande pompe, tant à cause de sa présence, qu'à raison de la fête de l'Annonciation, dont la solennité tombait le lendemain. Il fit, ce jour-là, ses dévotions dans l'église de la très sainte Vierge, et, selon le privilège que l'on croit divinement accordé aux rois de France, il toucha, pour les guérir, les pauvres malades atteints des écrouelles. A son départ, la ville lui fit présent d'une statue d'or de Notre-Dame de la valeur de 550 livres. Deux autres statues, plus petites, furent offertes aux ducs de Bourgogne et de Berry. Charles VI, en récompense de ce riche présent, exempta les habitants de tailles pendant trois ans. Il autorisa aussi les six consuls de la ville à remplacer le drap bleu de leur robe par une étoffe écarlate.

Nous ne dirons rien de Charles VII, à qui nous

avons consacré un chapitre spécial. Nous rappellerons seulement, en passant, que ce roi de France vint jusqu'à cinq fois en pèlerinage à l'Eglise angélique à qui il fit don de deux étendards conquis sur les Anglais.

Voici venir, maintenant, le roi Louis XI qui accomplit trois fois le pèlerinage du Mont-Anis. La première fois, c'était en 1434, il était tout jeune alors, et accompagnait son père. Il revint en 1475 et 1476. Il inclinait alors rapidement vers la tombe, et on sait en quelles étranges frayeurs le jetait la vue ou même la pensée de la mort. Aussi voulut-il venir à Notre-Dame du Puy en véritable pèlerin. Il arriva le 7 mai 1475 à Fix, petit bourg éloigné de la ville d'environ trois lieues et demie.

Malgré la longueur du chemin qu'il avait à parcourir, il voulut, le lendemain, faire le reste de la route à pied, et toutes les observations de ses courtisans ne purent changer ses résolutions à cet égard. Les rues de Pannessac et de Raphaël, par lesquelles il fit son entrée en ville, ne laissaient pas que d'être magnifiquement ornées et décorées. Parvenu sous le portique de Saint-Jean, il trouva le doyen qui le revêtit d'un surplis et d'une chape comme les portaient les chanoines. Le prince s'avança en ce costume vers la Basilique. Mais, sous le porche, il demanda dispense du vœu qu'il avait fait de ne paraître dans l'Eglise que nu-pieds. Et comme il était fort las, il se contenta, ce jour-là, de faire une courte prière à l'autel de la Sainte-Vierge, sur lequel il laissa, en se retirant, une bourse de 300 écus d'or. Le lendemain, qui était un samedi, il entendit trois messes, et offrit, à chacune d'elles, 30 écus d'or. Il en fit autant les deux jours suivants. Le lundi soir, jour de son départ, il remit, en s'éloignant, entre les mains du sacristain, un vase de cristal, richement orné de pierreries, avec ordre d'y faire graver son nom. Ce vase devait servir pour donner la communion aux fidèles, les jours de grandes solennités. En même temps, il fit rembourser au Chapitre une somme considérable qu'il lui avait emprun-tée dans les disgrâces de sa jeunesse, confirma tous ses privilèges, ainsi que ceux de l'Université de Saint-Mayol, et laissa 30 pièces d'or pour l'église de Saint-Michel et 15 pour l'Hôpital. Enfin, il n'y eut ni couvent, ni famille pauvre qui n'eut sa large part des largesses royales. De retour à Paris, il envoya 1,200 écus en argent et 100 marcs en lingots d'or, pour qu'on fabriquât une niche plus belle à la statue de la sainte Vierge, ce que fit immédiatement François Gui-bert, maître-orfèvre du Puy. Le Chapitre ne manqua pas de remercier publiquement Louis XI. A cet effet, il lui députa un de ses membres, l'abbé de Saint-Vosy, qu'il chargea d'offrir au roi une petite Notre-Dame d'or. Le roi l'accepta avec un pieux empressement, la baisa plusieurs fois, et la fit attacher à son chapeau, témoignant le désir d'en avoir une seconde pour la reine. Cependant la santé de Louis XI dépérissait chaque jour. Néanmoins, malgré son excessive faiblesse, sa dévotion le ramena au Puy le 28 juin 1476, et cette fois il y fit une neuvaine entière qu'il accompagna encore de nombreuses et abondantes largesses. Enfin, avant de quitter la ville, il l'exempta de tout impôt pendant dix ans.

En 1470, le roi René d'Anjou vint visiter, en pèlerin, le sanctuaire de Notre-Dame du Puy. Il avait pour escorte, dit Médicis « un certain nombre de Maures, habillés de moult étrange façon et qui faisaient moult beau voir. »

En 1495, Charles VIII, revenant de l'expédition qu'il avait faite en Italie pour se rendre maître du royaume de Naples, se transporta, au mois d'octobre, de Lyon à Notre-Dame du Puy, afin de remercier la sainte Vierge des dangers auxquels il avait échappé par sa puissante protection.

Chacun sait comment François Ier fut battu et fait prisonnier par les Espagnols à la malheureuse bataille de Pavie. Du fond de sa prison où le chagrin l'avait rendu gravement malade, ce roi de France, se voyant en danger de mort, se souvint de Notre-Dame du Puy qui avait toujours été si favorable à ses aïeux, et lui promit, s'il guérissait, de se rendre en pèlerinage au sanctuaire du Mont-Anis. Rendu à la liberté en 1526, il fut sept ans sans pouvoir acquitter son vœu. Enfin, au commencement de l'été de 1533, se voyant heureusement relevé de ses revers, il se mit en route vers l'Eglise angélique, où il clôtura brillamment la série des Pèlerinages des rois de France à Notre-Dame du Puy.

Depuis lors, aucun des successeurs de François Ier n'a gravi le Mont-Anis.

En vérité, nul autre sanctuaire, en France, n'a vu passer sous ses voûtes une pareille suite de rois ; et, en évoquant aujourd'hui ce défilé si glorieux pour l'Eglise angélique, on peut bien dire, sans exagération, que le pèlerinage de **Notre-Dame du Puy est un pèlerinage national et royal !**

PRIÈRE

O Marie, souvenez-vous que la France vous fut consacrée, en partie, par les Druides, avant même votre venue sur la terre, et intégralement depuis par les rois qui ont régné sur elle. Vous êtes donc la puissante patronne de notre patrie. L'histoire nous apprend et des faits indubitables nous montrent que vous lui avez souvent donné des marques visibles de votre efficace protection, que vous l'avez préservée de dangers imminents et terribles et que vous l'avez même sauvée du naufrage, Voilà pourquoi tant de rois de France sont venus vous prier sur votre montagne et dans votre sanctuaire du Mont-Anis. O Marie, souvenez-vous de l'antique consécration qui vous fut faite de notre belle patrie, et de l'ancienne protection dont vous n'avez jamais cessé de l'entourer. La France, il est vrai, a pu oublier ses devoirs envers vous. Elle a, dans un siècle d'aveuglement, chassé le Christ, votre Fils, de ses institutions et de ses lois ; elle a péché, mais au milieu de ses égarements, elle a rencontré l'humiliation et la douleur, son orgueil est brisé ! Du fond de sa misère, comme l'enfant prodigue, elle se redresse aujourd'hui, dans un noble élan de repentir et de confiance. Toute meurtrie par sa chute, elle crie vers vous et fait appel à votre secours.

O Marie, mère de miséricorde, ne méprisez pas la douleur de vos enfants ; ne dédaignez pas cet immense cri de détresse et d'amour qui s'élève, pendant ce mois, de tous les cœurs et de tous les sanctuaires français. Ayez pitié de nous, ayez pitié de notre patrie !

Dirigez ses gouvernants, éclairez ses législateurs, convertissez son peuple, fortifiez sa foi, purifiez ses mœurs, sauvez-là enfin, en lui rendant sa glorieuse mission de fille aînée de l'Eglise et de soldat du Christ !

Notre-Dame du Puy, priez pour la France. Ainsi soit-il.

Salve Regina !

CHAPITRE VINGT-SIXIÈME

Des diverses Confréries et chapelles de Notre-Dame du Puy établies en France et jusqu'à l'étranger.

LA Confrérie de Notre-Dame du Puy, dont nos chroniqueurs et nos anciens historiens font tous mention, était une Association établie dans le but d'honorer la sainte Vierge, par des prières et autres actes de piété, et de célébrer ses louanges par des œuvres, soit artistiques, soit poétiques.

Cette Confrérie existait déjà au Puy, au douzième siècle. Elle n'a été anéantie que par la grande Révolution française. Elle figurait, avec honneur, aux grandes processions des Jubilés et des fêtes de Notre-Dame. Son organisation était presque militaire, et lui donnait pour officiers un capitaine, un lieutenant et un porte-enseigne.

Nous possédons le livre de ses statuts ou règlements imprimés en 1684, lors de sa réorganisation, par Mgr de Maupas. Ce petit livre nous apprend que cette Association avait été approuvée et confirmée par les Souverains-Pontifes, qui l'avaient enrichie de grandes et nombreuses indulgences.

Dix-sept Papes, parmi lesquels Clément IV, jadis évêque du Puy, s'étaient plu à ennoblir et à combler de privilèges cette célèbre Confrérie. Aussi était-elle en grand honneur dans le Velay et dans la France entière.

Cette Confrérie, où la religion s'alliait si bien à la poésie et aux arts, pour honorer la sainte Vierge, se répandit bientôt en divers lieux de France, particulièrement en Artois, en Normandie, en Picardie, en Flandre et jusqu'en Angleterre. Cette diffusion se comprend facilement. On sait, en effet, quel immense concours de peuple la confiance et la dévotion envers Marie amenaient autrefois à Notre-Dame du Puy. Chaque année, aux principales fêtes de la sainte Vierge, de nombreux pèlerins y affluaient de toutes les parties de la France. Mais c'est surtout aux grandes solennités jubilaires, que la foule des pieux visiteurs devenait véritablement innombrable. Tous ces pèlerins qui accouraient alors au Puy de tous les pays d'Europe, devaient certainement emporter dans leurs foyers, un souvenir aussi vif que durable de notre célèbre pèlerinage. Quoi d'étonnant, après cela, que les populations enflammées par le récit qu'on leur faisait de tant de choses extraordinaires, de tant de merveilles, de tant de miracles dont le pèlerinage du Mont-Anis était le théâtre, aient voulu avoir aussi chez elles des sanctuaires et des chapelles dédiées à Notre-Dame du Puy ? Quoi d'étonnant aussi qu'elles y aient placé quelques-unes de ces statues que les pèlerins apportaient du Puy, et qu'on y taillait alors, qu'on y fondait, qu'on y sculptait, qu'on y vendait par milliers, comme nous l'avons vu faire de notre temps, lors de l'inauguration de Notre-Dame de France, comme cela se fait encore tous les jours pour Notre-Dame de Lourdes.

Les Confréries et les chapelles de Notre-Dame du Puy, élevées en divers lieux de la France, s'expliquent donc très bien ; et quant à ces luttes et à ces compositions poétiques de sonnets, de chants et d'hymnes qui s'y faisaient en l'honneur de la sainte Vierge, elles n'étaient pas autre chose qu'une réminiscence et une imitation de ce que les pèlerins avaient vu faire si souvent sur le Mont-Anis, dans les tournois littéraires de notre Université de Saint-Mayol, qui faisait alors la gloire de notre Velay, où de célèbres troubadours avaient pris naissance et où la poésie était en si grand honneur.

Après cette explication, la diffusion, en divers lieux de la France, des Confréries et des chapelles de Notre-Dame du Puy, devient toute naturelle. La première de ces Confréries et chapelles que nous trouvons établie hors de notre ville, est celle d'Amiens. Voici son origine : En l'an 1181, de grandes querelles et inimitiés éclatèrent en la ville d'Amiens ; un pauvre charpentier de cette ville, qui était venu en dévotion au Puy, en rapporta une image de Notre-Dame, qu'à son retour chez lui il plaça dans un petit oratoire. Ayant invité ses concitoyens à faire des prières et des vœux devant cette sainte image, ceux-ci se virent délivrés, par son intercession, des troubles et des dissensions qui les affligeaient. C'est pourquoi, par reconnaissance, ils dédièrent dans leur cathédrale, une belle chapelle à Notre-Dame du Puy, et établirent en son honneur, dans leur ville, une Confrérie qui portait son vocable et qui existe encore aujourd'hui, mais sous la forme altérée d'une Association uniquement artistique et littéraire. Une des plus belles salles du musée d'Amiens porte encore actuellement le nom de salon de Notre-Dame du Puy, et contient un grand nombre d'œuvres artistiques provenant de cette célèbre Confrérie. On y voit des calices ciselés, des croix et des lampes d'argent, des chasubles de brocart, des peintures, des statues, des bas-reliefs sculptés, et quantité d'autres chefs-d'œuvre religieux, dont la dite Confrérie avait rempli autrefois la cathédrale d'Amiens.

De pareilles Associations existaient également à Abbeville, à Rouen, à Caen, à Dieppe, à Valenciennes, à Limoges, à Arras, à Douai, etc. Toutes avaient pour commune origine, l'Eglise angélique de Notre-Dame du Puy. Leur fête patronale à toutes, était également, comme au Puy, le jour de l'Assomption de la très sainte Vierge.

A Bourganeuf, dans la Creuse, on honore encore aujourd'hui, sous le nom de Notre-Dame du Puy, une statue de la sainte Vierge, qui remonte à l'époque des Templiers, et qui est toujours, de la part des habitants, l'objet d'une grande vénération.

Mais c'est surtout dans les malheurs publics, qu'éclataient en France la dévotion et la confiance envers la Vierge du Mont-Anis. Des épidémies, des famines, des fléaux venaient-ils à s'abattre sur les cités, immédiatement on décidait, par acclamation, un vœu, un pèlerinage, une offrande à Notre-Dame du Puy. C'est ce qui eut lieu à Limoges, en 1461. La peste ravageait cruellement cette ville. Aussitôt ses habitants tournent leurs regards vers la puissante Reine du Mont-Anis, et font vœu d'aller offrir cent livres de cire à son autel. Sans plus tarder, ils établissent une Confrérie en son honneur, et envoient en même temps leurs magistrats déposer leur offrande à ses pieds. Marie exauça leur prière et la contagion fut aussitôt chassée. « Depuis lors, dit Gissey, la dévotion des habitants de Limoges, s'est tant accrue envers la sainte Vierge, qu'il n'y a pas de contrée de laquelle il vienne plus de pèlerins. » Du reste, le Chapitre de Notre-Dame accueillit avec honneur les députés Limousins, et pour gage de ses sentiments, il envoya par eux, à la nouvelle Confrérie, une bannière de tafetas qui représentait d'un côté la patronne du Velay, et de l'autre saint Martial, apôtre et patron de Limoges. De son côté, la députation de cette ville rapporta du Puy une statue de Marie à laquelle les Limousins reconnaissants se hâtèrent d'élever un sanctuaire où elle est encore aujourd'hui en grand honneur.

En 1447, une statue de la sainte Vierge fut également apportée du Puy-en-Velay, en l'île de France, à Sigy, près Montereau, par Antoine Du Roux, écuyer, originaire du Velay, échanson du roi Charles VII. Cette statue est encore maintenant l'objet de la vénération des fidèles, sous le nom de Notre-Dame du Puy. Elle est placée actuellement dans un délicieux monument, érigé naguère, dans l'Eglise de Sigy, par les soins de Mlle Marie Du Haut, fille du petit-neveu et héritier du dernier des Du Roux.

A Beaugé, dans l'Anjou, sur le théâtre de la première victoire qui releva les espérances de Charles VII, et mit un terme aux longues prospérités de l'Angleterre, s'élève encore, de nos jours, une chapelle en l'honneur de Notre-Dame du

Puy, que le maréchal de Lafayette fit élever en ce lieu, en reconnaissance de la victoire qu'il avait remportée sur les Anglais. Cette chapelle, sous le nom de Puy-Notre-Dame, devint un pèlerinage qui a été rétabli par Mgr Freppel, à la suite des derniers désastres de la France.

En Espagne, dans la Cathédrale de Valence, se trouve actuellement encore une chapelle placée sous l'invocation de *Nuestra Senora del Puig*, Notre-Dame du Puy. (1)

Enfin, il n'est pas jusqu'en Angleterre, où la dévotion et la Confrérie de Notre-Dame du Puy n'aient été en honneur. Nous voyons, en effet, cette pieuse Association s'établir entre des marchands, à Londres même, à la fin du treizième ou au commencement du quatorzième siècle.

Ajoutons un dernier trait à tout ce que nous venons de dire : D'après Vincent de Beauvais, les Maures d'Espagne, pour obtenir de bonnes récoltes ou la cessation de quelque fléau, envoyaient des offrandes à Notre-Dame du Puy, et les chrétiens

---

(1) Note communiquée par M. Antonio Pitarch, espagnol, originaire de la province de Valence, et organiste de la Cathédrale du Puy.

Le même M. Pitarch assure avoir vu, dans la ville de Valence et aux alentours, des portraits de notre Vierge noire, dont plusieurs remontent à 1600, et dont quelques-uns sont même des siècles précédents.

de ce pays appelaient notre Vierge du nom glorieux qu'elle porte de nos jours : « *Nuestra Senora de Francia !* Notre-Dame de France ! »

On voit assez par là combien était puissante l'influence qu'exerçait alors, non seulement en France, mais même à l'étranger, la célébrité du sanctuaire de Notre-Dame du Puy.

PRIÈRE

Notre-Dame du Puy, priez pour nous!

O Marie, les pieuses confréries établies sous votre auguste patronage ont fait, de tout temps, les délices et la sécurité de vos enfants. A l'exemple de nos aïeux, nous voulons, désormais, nous unir à vous par des liens sacrés, et faire partie de quelqu'une des congrégations établies en votre honneur. Rien de plus conforme, du reste, aux intérêts de notre âme, que de faire partie de ces pieuses associations que l'Eglise encourage par tant de faveurs : C'est là, en effet, que l'on trouve surtout une assistance, un guide et des conseils spirituels ; c'est là que l'on rencontre des frères ou des sœurs charitables dont les saints exemples nous portent à pratiquer la vertu ; c'est là aussi que l'on entend des prédications touchantes qui excitent à aimer Dieu, et que l'on assiste à des fêtes et à des cérémonies religieuses qui stimulent le zèle et la dévotion ; c'est là enfin, que l'on sent le besoin et que l'on prend la salutaire habitude de s'approcher, à certaines époques, de ces sacrements salutaires de Pénitence et d'Eucharistie sans lesquels l'âme défaille bientôt et tombe si vite dans le péché !

O Marie, si vos confréries sont un gage de bonne et sainte vie pour ceux qui en font partie, elles sont surtout aussi un gage de bonne et sainte mort ! Un de vos dévots serviteurs, disait, au moment de mourir, que sa plus grande consolation, dans ce redoutable instant, était d'avoir fait partie de la congrégation de la Très Sainte Vierge. Vous ne sauriez, en effet, ô Mère de Jésus, abandonner dans ce dernier passage, ceux qui ne vous ont jamais abandonnée pendant les jours de leur vie mortelle. C'est dans cette douce espérance, ô Marie, que selon notre état, notre sexe, notre âge et notre condition, nous nous enrôlerons dans l'une des confréries établies en votre honneur. Daignez, en retour, ô Marie, nous assister sans cesse pendant notre vie, et nous obtenir un jour la grâce de mourir saintement entre vos bras.

Notre-Dame du Puy, priez pour nous. Ainsi soit il.

Salve Regina !

CHAPITRE VINGT-SEPTIÈME

*L'*Angelus *et Notre-Dame du Puy.*

VOICI un nouveau titre de gloire en l'honneur de Notre-Dame du Puy. C'est au Puy que le pieux usage de sonner l'*Angelus*, à midi, a pris son origine.

L'origine de l'*Angelus*, dans sa forme première, se perd dans la nuit des temps. Comme les architectes de nos merveilleuses cathédrales qui ont caché leur nom sous le voile de l'humilité, l'auteur de l'*Angelus* est inconnu. De cette admirable prière il faut dire avec Tertullien : « Sa source est dans la tradition, l'usage la confirme et la foi la pratique. »

L'*Angelus* est une prière instituée par l'Eglise pour honorer le mystère de l'Incarnation du Fils de Dieu, par conséquent la maternité divine de Marie, ainsi que la rédemption du genre humain. Cette prière rappelle donc à toutes les générations les immenses bienfaits dont ce mystère a été, et dont il continue d'être la source. On l'appelle *Angelus*, parce qu'elle commence par ce mot. Elle se compose de trois antiennes ou versets et de trois *Ave Maria*, suivis d'un quatrième verset, d'un répons et d'une oraison dans laquelle on demande à Dieu sa grâce et le salut éternel par les mérites de Notre-Seigneur Jésus-Christ. L'*Angelus* se récite trois fois le jour : le matin, à midi et le soir, au son de la cloche que l'on tinte trois fois.

Cette prière, faite au son de la cloche, constitue une création complètement inconnue du monde païen et que le monde chrétien n'admirera jamais assez. Mais ce n'est que par degrés que cette prière est arrivée à cette forme complète sous laquelle nous la connaissons et nous la pratiquons aujourd'hui. Primitivement l'*Angelus* ne se sonnait et ne se récitait que deux fois le jour, le matin et le soir. Un savant bénédictin du seizième siècle, Arnold Vion, raconte que ce fut le Pape Urbain II qui, en 1090, ordonna pour la première fois de réciter l'*Ave Maria* de cette manière. C'était au moment du Concile assemblé à Clermont pour la première Croisade. Le Pape, sachant qu'il était impossible que les prières d'un grand nombre ne soient pas exaucées, ordonna, qu'à partir du jour où l'armée chrétienne se mettrait en campagne pour recouvrer la Terre sainte, le soir et le matin, dans toutes les églises du monde chrétien, tant cathédrales qu'abbatiales, trois coups de cloche invitassent les fidèles à la récitation de l'*Ave Maria*. L'intention du pape Urbain II était d'obtenir de Dieu qu'à ce signal il daignât, par sa bonté, rendre l'armée chrétienne victorieuse de ses ennemis ; comme aussi d'obtenir miséricorde à ceux qui, dans une entreprise si pieuse, seraient morts en sacrifiant leurs biens et leur vie pour la défense de la foi.

A la voix du Saint-Père, la récitation de l'*Angelus*, le matin et le soir, devint aussitôt populaire. Il en fut ainsi jusqu'au commencement du treizième siècle (1239). A cette époque, le Pape Grégoire IX, de glorieuse mémoire, s'apercevant d'un certain ralentissement dans la récitation de l'*Angelus*, et se voyant, d'autre part, attaqué violemment par l'empereur d'Allemagne Frédéric II, ordonna de nouveau que la triple salutation angélique serait récitée dans tout le monde, matin et soir, à genoux et au son de la cloche.

Quatre ans plus tard (1243), le Concile de Cologne renouvelle cette ordonnance, mais il ajoute en outre cette prescription : tous les vendredis, à midi, on sonnera et on récitera l'*Angelus*, en mémoire de la Passion de Notre-Seigneur. C'est la première fois où il est question, dans l'histoire, de l'*Angelus* de midi ; et, comme on le voit, la récitation et la sonnerie de cet *Angelus* sont réservées au seul vendredi.

En 1262, le grand docteur saint Bonaventure,

14*

général des Franciscains, prescrivit aux enfants de saint François, répandus alors dans les différentes parties du monde, de propager en tous lieux la pieuse pratique de l'*Angelus*, et d'exhorter partout les peuples à saluer Jésus et Marie par la récitation de l'*Ave Maria* faite le soir au son de la cloche. Saint Bonaventure ne fait pas mention ici de l'*Angelus* du matin.

En 1318, le pape Jean XXII recommande, à son tour, la récitation de l'*Angelus*, au son de la cloche ; il y attache même, pour la première fois, dix jours d'indulgence ; mais comme saint Bonaventure, il ne fait mention, lui aussi, dans sa Bulle, que de l'*Angelus* du soir.

En 1346, un Concile tenu à Paris, sous la présidence de l'archevêque de Sens, publia un décret ordonnant aux fidèles d'observer inviolablement la récitation de l'*Ave Maria*, à l'heure du couvre-feu, conformément à la prescription du Pape Jean XXII, de sainte mémoire, et ce Concile attache à cette récitation cinquante jours d'indulgence.

En 1369, le Concile de Béziers reprend et recommande la récitation de l'*Angelus* au point du jour, et y attache vingt jours d'indulgence.

Mais c'est au Puy-Sainte-Marie que nous voyons s'établir, pour la première fois, l'usage de réciter et de sonner l'*Ave Maria*, non seulement le matin et le soir, mais aussi tous les jours, à midi. Voici comment nos chroniques racontent ce fait :

« En 1449, une pieuse veuve du Puy, nommée Agnès Montel, par zèle pour la gloire de la Mère de Dieu, commença à constituer une rente perpétuelle pour que le matin, à midi et le soir, on avertit le peuple au son de la cloche, que c'était l'heure de se recommander à la Vierge, et de la saluer avec l'ange, en mémoire de l'Incarnation du Fils de Dieu. » Cette pratique se répandit bientôt du Puy dans toute l'Eglise, et, cinq ans plus tard (1455) le Pape Calixte III en consacra définitivement l'usage par une Bulle qu'il accompagna de très riches indulgences.

En 1476, le roi de France, Louis XI, étant venu en pèlerinage au Puy, fit également publier, en cette ville, des lettres apostoliques qu'il avait obtenues du Pape Sixte IV, par lesquelles le Souverain-Pontife accordait trois cents jours d'indulgence à tous ceux qui réciteraient, en l'honneur de la sainte Vierge, l'*Angelus* de midi. Il se fit même, au Puy, à cette occasion, une procession générale. Depuis lors jusqu'à maintenant, l'usage de l'*Angelus* le matin, à midi et le soir, n'a plus jamais varié.

Grand honneur pour la cité du Puy-Sainte-Marie, d'avoir, la première, pratiqué, dans sa forme actuelle et définitive, une coutume aussi belle, aussi pieuse et aussi répandue que la prière de l'*Angelus*.

Hélas! le zèle de nos pères pour la récitation de cette prière, tend à s'affaiblir, même dans notre religieux et catholique Velay. On ne voit plus, comme autrefois, les populations chrétiennes se découvrir et se signer respectueusement au son de l'*Angelus*, suspendre leur travail et se recueillir un instant pour saluer avec l'ange Celle à qui nous sommes redevables des deux plus grands bienfaits du monde : l'Incarnation et la Rédemption !

Siècles de prière et de foi, qu'êtes-vous devenus !

Les vieillards se souviennent et racontent encore qu'autrefois, dans nos contrées, l'*Angelus* se récitait publiquement par tout le monde et sans nul respect humain. Rien de plus édifiant, que le spectacle que présentaient jadis les grands marchés de la ville du Puy, au moment où sonnait l'*Angelus* de midi : les rues et les places publiques avaient beau être encombrées de marchands, d'acheteurs et de curieux ; les offres, les refus et les conditions de vente avaient beau se faire suivant l'usage, en criant plutôt qu'en parlant : au milieu de ce bruit de la foule et de ce brouhaha général, quand l'*Angelus* de midi sonnait au clocher de la Cathédrale, un silence absolu s'établissait soudain sur tous les points de la ville ; un même son de cloche faisait naître, à la même minute, un même sentiment dans mille cœurs divers; les montagnards du Velay ôtaient leurs larges chapeaux et s'inclinaient appuyés sur leurs bâtons ferrés; les marchands espagnols, qui se trouvaient toujours en grand nombre à nos célèbres marchés, retiraient respectueusement leurs bonnets ou leurs bérets; dans les rues et sur les places publiques, hommes, femmes et enfants s'arrêtaient, se taisaient, se découvraient, prenaient l'attitude de la prière, et récitaient tout bas leur *Angelus*. Cette prière achevée, le marché recommençait aussitôt avec la même animation! mais un mouvement de cœur s'était fait vers le ciel, un sourire de Marie en était descendu, et, au milieu de ses préoccupations matérielles, l'homme s'était souvenu un instant des intérêts sacrés de son âme et de sa patrie du ciel! Admirable spectacle! nous n'en connaissons point de plus moral, de plus noble et de plus beau!

Hélas! tout cela a maintenant disparu! Dans beaucoup de paroisses et pour beaucoup de familles vellaviennes, c'est vainement que la cloche de l'*Angelus* invite à la prière. Le son de la cloche n'éveille plus aucun sentiment de foi; il n'éveille, le plus souvent, que des appétits grossiers! Oui, pour bien des personnes qui se disent chrétiennes, la sonnerie de l'*Angelus* ne sert qu'à indiquer le moment des repas. N'est-ce pas là du matérialisme le plus abject? Et le matérialisme qui dégrade l'homme au niveau de la bête n'est-il pas un immense malheur?

Ah! disons-le dans le cours de ce mois de Marie, il n'est que temps de réagir contre le matérialisme avilissant qui nous oppresse et nous envahit de toutes parts! il n'est que temps de revenir aux traditions si nobles et si spiritualistes de nos aïeux! Oui, reprenons les vieilles coutumes et les belles pratiques religieuses de nos pères. Découvrons-nous et agenouillons-nous comme eux au son de l'*Angelus!* comme eux invoquons Marie aux principales heures du jour. Et Marie en retour nous bénira du haut du ciel! Ainsi soit-il!

PRIÈRE

Notre-Dame du Puy, priez pour nous!

O Marie, vous saluer chaque jour avec l'ange, après avoir adoré le Tout-Puissant, sera désormais pour nous notre premier devoir. Nous comprenons maintenant, mieux que dans le passé, l'efficacité de cette prière, véritable colloque céleste où vous daignez vous associer en priant Dieu avec nous!

Les paroles si simples de l'*Angelus*, exprimant des vérités pures et sublimes comme la source d'où elles émanent, ne sauraient être désormais gravées trop profondément dans nos cœurs, et monter trop souvent à nos lèvres, pour s'élever jusqu'à votre trône, ô Marie!

Nous serons donc fidèles à vous saluer dorénavant, trois fois le jour, le matin, à midi et le soir, avec tout l'univers catholique.

Sainte Mère de Dieu, nous avons à chaque instant besoin, ici-bas, que vous priiez pour nous, et que vous intercédiez sans cesse en notre faveur auprès de votre divin Fils. Que l'accent ému de notre prière montant au Ciel avec le son pieux de l'*Angelus*, incline doucement votre cœur vers nous, ô Vierge sainte! et que par votre protection, notre âme puisse sortir saine et sauve des dangers si nombreux et si redoutables de ce monde!

Mais, c'est surtout à l'heure de notre mort, ô Marie, que nous aurons besoin de votre assistance, et que votre aide nous deviendra indispensable! Voilà pourquoi nous ne manquerons jamais plus de vous dire trois fois le jour : « Sainte Mère de Dieu, priez pour nous, pauvres pécheurs, maintenant et à l'heure de notre mort! » Oui, la grâce de bien vivre et de bien mourir, voilà ce que nous demandons à Dieu par vous?

Notre-Dame du Puy, priez pour nous!

Salve Regina!

CHAPITRE VINGT-HUITIÈME

Notre-Dame du Puy et les Pères Jésuites.

C'ÉTAIT sous l'épiscopat d'Antoine de Sennectère (1561-1593) : la France était en proie au double fléau de la guerre civile et de l'hérésie protestante. Les dissensions intestines de la Ligue divisaient notre Patrie en deux camps ennemis, et le calvinisme, qui avait déjà fait tant de ruines, infestait particulièrement de sa contagion les montagnes des Boutières et des Cévennes, d'où il menaçait d'envahir le Velay tout entier. La cité du Puy-Sainte-Marie était surtout le point de mire des attaques et l'objet des convoitises des hérétiques. Déjà leurs armées avaient tenté, à plusieurs reprises, de s'emparer, de vive force ou par surprise, de cette place qui était à leurs yeux, le meilleur et le plus ferme rempart de la religion catholique. Mais, grâce à la protection de Marie, la ville assiégée s'était vue chaque fois miraculeusement délivrée des atteintes des Huguenots ; trois de leurs assauts ayant été victorieusement repoussés, la cité d'Anis en avait témoigné sa reconnaissance à Marie par des processions solennelles et par de publiques actions de grâces. En souvenir de la protection miraculeuse dont la sainte Vierge avait couvert sa bonne ville du Puy, on fit graver cette glorieuse inscription sur un des piliers de la sainte Basilique :

> *Civitas nunquam vincitur,*
> *Nec vincetur ; sic legitur :*
> *Per Mariam protegitur,*
> *Hæc privilegiata !*

C'est-à-dire : cette cité n'a jamais été et ne sera jamais forcée ; c'est écrit : Marie la protège, cette privilégiée !

Les temps néanmoins, se faisaient de plus en plus mauvais : la guerre civile et l'hérésie continuaient de déchirer le sein de notre Patrie, et l'on vivait, en Velay, dans des transes et des inquiétudes continuelles. Les doctrines hérétiques, quoique réprouvées par l'immense majorité des habitants du Velay, commençaient à s'insinuer çà et là et à démoraliser les populations de certaines parties de nos montagnes. Pour remédier à ce danger, l'évêque du Puy, Antoine de Sennectère, ne trouva pas de meilleur antidote à opposer au poison de l'hérésie protestante, que d'appeler à son aide l'institut des Jésuites, qui venait à peine d'être fondé, et qui, alors comme aujourd'hui, s'était spécialement voué à combattre l'irréligion sous toutes ses formes. Cet appel de l'évêque anicien répondait justement aux ardentes aspirations et comblait à souhait les vœux des Pères de la Compagnie de Jésus. En effet, dès que ces religieux avaient pu s'établir en France, ils avaient vivement désiré d'avoir une maison au Puy. Ils avaient même écrit à leur général plusieurs lettres à ce sujet, dans lesquelles ils disaient que le Puy-Notre-Dame était pour la France ce que Lorette était pour l'Italie, et le Monserrat pour l'Espagne, c'est-à-dire le grand sanctuaire national de la sainte Vierge. Aussi, grande fut leur joie lorsqu'en 1570, c'est-à-dire trente ans à peine après la fondation de leur institut, l'évêque Antoine de Sennectère, s'unissant aux consuls et à la population tout entière, offrit aux fils de saint Ignace la direction du collège du Puy.

Ce collège, construit exprès pour eux, sur le plan qu'ils en avaient eux-mêmes dressé, se composait d'un bel et vaste édifice, ainsi que d'une fort belle église, qui existe encore et qui est devenue l'église paroissiale actuelle de Saint-Georges. A peine ouverte, la maison des Pères jésuites compta de six à sept cents élèves. Selon l'historien Arnaud, ce nombre atteignit même plus d'un millier.

Outre leur habileté consommée en matière d'éducation et d'enseignement, les Pères Jésuites apportèrent encore, dans la direction du collège du Puy, un zèle ardent pour les pratiques religieuses, si favorables à entretenir la foi et la vertu dans l'âme de la jeunesse. Ils s'efforcèrent surtout d'élever leurs disciples dans l'amour de la sainte Vierge, et pour exciter leur dévotion envers Notre-Dame du Puy, ils leur faisaient souvent faire de belles processions par la ville, la tête et les pieds nus, en chantant et en priant, au grand contentement de tout le peuple, dit le chroniqueur Burel.

C'est au Puy où le sanctuaire de Notre-Dame l'attirait comme un doux et irrésistible aimant, que saint François-Régis puisa aux pieds de Marie les grâces de conversion qu'il répandit partout autour de lui.

Au nom de saint François-Régis, il faut joindre aussi le nom du P. Guyon qui, en 1593, c'est-à-dire dès les commencements de l'installation des Pères Jésuites au Puy, composa, en l'honneur de Notre-Dame, un ouvrage introuvable aujourd'hui, intitulé : *De laudibus Anicii* — des gloires du Mont-Anis. Quelques années plus tard, le P. Odo de Gissey publia, en l'honneur de la Reine du Velay, sa très consciencieuse *Histoire de Notre-Dame du Puy*, un vrai monument, malgré ses imperfections et ses lacunes, et tel que peu de sanctuaires en possèdent de semblable.

L'amour profond et l'ardente dévotion que le P. Odo de Gissey portait à la sainte Vierge, lu firent composer cet ouvrage qu'il écrivit surtout avec son cœur. C'est là, en particulier, ce qui donne à ce livre cette onction, cette naïveté, ce parfum religieux et mystique qu'on ne trouve plus dans les livres modernes. Grand honneur pour la Compagnie de Jésus, d'avoir ainsi donné au sanctuaire de Notre-Dame du Puy son véritable annaliste et son meilleur historien !

Il est tout naturel, après cela, que la Reine du Velay ait béni tout particulièrement la maison des Jésuites établie à ses pieds. Parmi les saints religieux qui illustrèrent le collège du Puy et se distinguèrent par leur dévotion envers Marie, il faut mentionner encore le P. Dauphin, que ses contemporains surnommèrent le nouveau François-Régis et qui mourut, comme lui, victime de son zèle pour le salut des âmes, au milieu des exercices d'une mission qu'il prêchait à Blesle, le 17 avril 1754 ; le P. Médaille, qui fonda au Puy l'institut des Sœurs de Saint-Joseph, actuellement répandu dans le monde entier ; le P. Chauran enfin, dont les prédications contribuèrent en grande partie à la fondation de notre Hôpital-Général, sur le plan duquel il fonda ensuite près de quatre cents autres hôpitaux, soit en France, soit en Italie où le Pape l'avait mandé à cet effet.

On connaît les tristes manœuvres qui amenèrent, en 1773, la suppression complète de la Compagnie de Jésus ; on sait également comment la Providence, en 1814, opéra sa résurrection, dans toute la Chrétienté, par un décret du Pape Pie VII. A peine rétabli, l'institut des Jésuites chercha de nouveau à se fixer aux pieds de Notre-Dame du Puy. La maison d'étude de Vals, si admirablement située en face de l'auguste Basilique du Mont-Anis, devint, pour l'illustre Société, une pépinière extrêmement favorable à la formation et au développement de ses jeunes sujets. Rien n'y trouble, en effet, le silence et la solitude. Tout y est propice à l'étude et à la prière, et il y a comme un invisible courant de grâces établi, en permanence, entre le célèbre scholasticat des Jésuites du Puy, et l'auguste sanctuaire de Notre-Dame.

Comme leurs devanciers, les nouveaux Jésuites, établis à Vals, ont cherché à honorer tout spécialement la Reine du Mont-Anis. Le P. Cathary, très dévot envers la sainte Vierge, a défendu victorieusement les origines surnaturelles de notre Eglise angélique. C'est un Jésuite, le P. de Ravignan, qui, en 1846, étant venu au Puy pour y préparer ses belles conférences de Notre-Dame de Paris, conçut, le premier, l'idée d'élever une statue colossale à Marie sur le sommet du rocher de Corneille, dont le site l'émerveillait et lui arrachait de véritables cris d'admiration. C'est un savant Jésuite, le P. Ducis, qui fit les premières études scientifiques que nécessitait le projet d'érection de la statue de Notre-Dame de France. Ces études sur la forme, la matière et l'orientation de la statue, sur le piédestal, les inscriptions, le meilleur mode d'illumination, etc., etc., rempliraient des volumes entiers. Qui a plus fait aussi que le P. Nampon pour mener à bonne fin cette œuvre gigantesque dont il a été, du reste, le digne et éloquent historien ? Enfin qui ne sait tout le bien qu'ont fait parmi nous le vénérable P. de Bussy, le P. Gury, le P. Ramière, et tant d'autres, qu'il nous est impossible de nommer ici, et qui se sont montrés les dignes continuateurs des François-Régis, des Dauphin, des Médaille et des Chauran !

Pourquoi faut-il, hélas ! qu'en 1880, d'injustes décrets soient venus expulser de leur sainte et paisible demeure les P. Jésuites de Vals et les jeter impitoyablement à la rue ! Quand cette épreuve fondit sur eux, les vaillants religieux en appelèrent surtout à Notre-Dame du Puy. Ils montèrent à son sanctuaire, accompagnés par les larmes et les sympathies de tous les cœurs honnêtes ; et là, aux pieds de l'autel de Marie, devant cette statue de la Vierge noire qu'ils avaient tant glorifiée et tant aimée, ils resserrèrent solennellement, à cette heure d'angoisse et de tribulation, les liens trois fois séculaires qui les unissaient à l'Eglise et à la cité de Notre-Dame. Puisse ces liens ne se rompre jamais ! et daigne la Reine du Mont-Anis, rappeler bientôt autour d'elle ses enfants dispersés. Ainsi soit-il !

PRIÈRE

Notre-Dame du Puy, priez pour nous !

Votre histoire, ô Marie, dit assez combien vous êtes bonne et secourable à tous vos enfants ; mais si votre bonté s'étend ainsi universellement sur tous les malheureux qui vous implorent, que ne fera pas votre cœur pour ceux qui, par leur dévouement et leur zèle envers vous, ont acquis des droits particuliers à votre puissante protection ? Les fils de saint Ignace sont de ce nombre, ô Vierge immaculée ! Ecoutez leur prière qui monte nuit et jour vers vous, avec celle des autres ordres religieux expulsés ; autrefois, ces ordres religieux étaient l'ornement et la gloire de votre cité d'Anis : Sans parler des Templiers et des Chevaliers de Saint-Jean de Jérusalem, qui, dès leur fondation, vinrent mettre leurs cœurs et leurs épées à votre service, les Bénédictins, les Prémontrés, les Dominicains, les Chartreux, les Franciscains, les Carmes, les Jésuites et les Capucins, rivalisant d'amour envers vous, montaient au siècle dernier, leur

CHAPITRE VINGT-HUITIÈME

garde d'honneur autour de votre sanctuaire... Du fond de leurs cloîtres placés sous votre égide, la louange et la prière s'élevaient sans cesse jusqu'à vous, et la ville du Puy offrait ainsi, à elle seule, un résumé complet des richesses de l'Eglise catholique tout entière. Hélas! tout cela semble avoir maintenant disparu pour jamais!

O Marie, prenez en main la cause des ordres religieux persécutés! Veillez sur eux pendant le temps de leur dispersion! Daignez abréger la durée de l'épreuve douloureuse qu'ils subissent en ce moment; et quand cette épreuve sera passée, ramenez-les tous auprès de votre sanctuaire, et là, donnez-leur, à vos pieds, un nouvel abri pour y chanter jusqu'à la fin du monde, vos louanges et vos bienfaits! O Notre-Dame, ô reine du Mont-Anis, protégez les religieux expulsés. Ainsi soit-il!

Salve Regina!

CHAPITRE VINGT-NEUVIÈME

Sentiments du vénérable M. Ollier et de plusieurs autres Sulpiciens, à l'égard de Notre-Dame du Puy.

PERSONNE ne fut plus dévot à Notre-Dame du Puy que M. Ollier, le vénérable fondateur de la pieuse et modeste Société de Saint-Sulpice. En revanche, c'est Notre-Dame qui amena Messieurs de Saint-Sulpice au Grand-Séminaire du Puy, dont Mgr de Maupas leur confia la direction et la fondation.

En 1652, M. Ollier, qui s'était démis de sa cure, à Paris, vint faire le pèlerinage du Puy, sans autre intention que de satisfaire sa dévotion. Sa première démarche, en arrivant dans notre ville, fut de monter à la Cathédrale, et de s'offrir à Notre-Seigneur et à sa très sainte Mère, au pied de l'autel principal où il demeura quelques temps en oraison. Dieu, qui avait d'autres vues, profita de sa présence pour ménager l'établissement de notre Grand-Séminaire. M. Ollier fut on ne peut plus heureux d'en prendre la conduite, tant à cause de son zèle pour la gloire de Dieu, que de sa grande dévotion pour Notre-Dame du Puy. Ne pouvant être assidûment à ses pieds devant son image, il fut ravi qu'il y eût quelques membres du Séminaire de Saint-Sulpice qui suppléassent à son impuissance, en lui rendant leurs devoirs en son nom, et qui travaillassent à la sanctification des ecclésiastiques destinés à conduire le peuple qu'elle a pris sous sa protection particulière.

Cette fondation lui donna occasion de revenir dans la cité de Marie quelque temps avant sa mort. Ce fut en l'année 1655 que, sentant sa fin approcher, il voulut faire encore une fois ce saint pèlerinage, avant d'aller paraître devant Dieu. Il arriva donc au Puy, comblé de joie de revoir une ville, où régnait, depuis tant de siècles, la dévotion la plus tendre envers la Mère de Dieu, et où il se souvenait d'avoir reçu, par son intercession, des grâces très abondantes. Le séjour qu'il y fit, fut pour lui une source de bénédictions, et un grand sujet d'édification pour les habitants. On le voyait prier très assidûment dans l'Eglise de Notre-Dame : c'était même de tous les lieux de piété qu'il avait visités dans la France celui pour lequel il témoignait le plus d'attrait : « Je n'en connais point, disait-il, où Dieu se communique si intimement, et où il répande ses grâces avec plus de libéralité. Tout y porte à lui, tant ce lieu est saint ; en sorte que, pour en sortir

tout pénétré de son amour et de son esprit, on n'a qu'à se laisser aller au mouvement intérieur qu'on y éprouve, dès qu'on s'y présente avec foi. »
Il se rappelait, avec une douce joie, les grâces éminentes dont la mère Agnès y avait été favorisée. Aussi y était-il tellement touché lui-même et si intimement uni à Dieu, qu'il fallait l'en tirer comme par violence, et l'avertir plusieurs fois de sortir. « Je suis dans un lieu, écrivait-il, où je finirais ma vie avec joie, aux pieds de Notre-Dame du Puy, à laquelle je suis redevable, par sœur Agnès, de toutes sortes de grâces. »

Ne pouvant toujours demeurer présent de corps dans cette église, et désirant y être au moins en esprit, autant qu'il était en son pouvoir, il laissa, auprès de l'image de Marie, une statue d'argent où il s'était fait représenter dans la posture d'un suppliant, qui, respectueusement incliné devant elle, lui faisait hommage de tous les sentiments que doivent un sujet à sa souveraine et un fils à sa mère. Cette statue était placée autrefois sur une console de marbre, scellée dans le grand autel, derrière l'image miraculeuse de Marie. Non content de cette offrande, il laissa encore une riche médaille d'or, sur laquelle il avait fait graver le séminaire de Saint Sulpice de Paris, qu'il lui présentait, la conjurant de le prendre sous sa protection spéciale, et de faire, de tous ceux qui l'habitaient, autant d'instruments de la gloire de son fils.

Mais le plus riche cadeau que fit encore M. Olier au sanctuaire de Notre-Dame, fut de donner au Grand-Séminaire du Puy, comme fondateur et premier supérieur, le très docte et très pieux de Lantages, une des plus belles perles de Saint-Sulpice et du clergé français à cette époque. En arrivant au Puy, M. de Lantages et ses compagnons, à l'exemple de M. Olier, allèrent droit à la Cathédrale s'offrir à la très sainte Vierge, et mettre, dès ce moment, sous la protection de cette auguste Reine du clergé, l'œuvre qu'ils venaient fonder dans ce diocèse. La sainteté du lieu les pénétra de la dévotion la plus tendre, et, aux pieds de la statue miraculeuse de Marie, ils répandirent leurs cœurs avec une dilatation de sentiments qu'il serait difficile d'exprimer. M. de Lantages surtout y reçut de si grandes consolations, qu'il ne manqua presque jamais, tant qu'il demeura au Puy, de visiter tous les jours, même dans les infirmités de sa vieillesse, cette aimable Patronne, dans la Basilique qui lui est consacrée, et de venir lui faire hommage des succès que Dieu daignait accorder à ses travaux. Après de longues et pénibles épreuves, M. de Lantages vint enfin à bout de l'œuvre que M. Olier lui avait confiée, et sous sa direction et celle de ses pieux successeurs, si dignement représentés encore aujourd'hui, le Grand-Séminaire du Puy devint bientôt un établissement modèle, un centre de doctrine et de piété où accouraient les étudiants de plusieurs diocèses voisins, tels que Mende, Clermont, Viviers, Vienne et Valence.

La dévotion, pour notre sanctuaire, ne s'est jamais affaiblie dans le cœur des disciples de M. Olier. Nous pourrions rapporter les noms de tous ceux qui ont passé leur vie à former, sous l'égide de Notre-Dame du Puy, des prêtres pour propager sa gloire, en consolidant le règne de Notre-Seigneur Jésus-Christ. Nous nous contenterons de citer ici le nom de M. de Breton-Villiers qui fut plusieurs fois attiré dans notre ville par son amour pour la sainte Vierge plus encore que par les affaires du Séminaire. C'était toujours avec la plus grande joie que ce vénérable sulpicien se rendait au Puy où sa piété aimait tant à prier dans l'Eglise de Notre-Dame, et où il trouvait de si grands sujets d'édification, en constatant tout le bien que ses confrères faisaient dans le diocèse, sous les auspices de la reine du Mont-Anis. Il fallait le voir, pendant de longues heures, plongé en oraison dans l'angélique sanctuaire de Marie, et ne se lassant point d'épancher son âme aux pieds de la Madone. Souvent il passait des matinées entières, à jeun jusqu'à midi, et quand il sortait enfin de la Cathédrale, au lieu d'aller immédiatement prendre un peu de nourriture, il songeait d'abord, avant tout, à faire l'aumône aux pauvres. Il en réunissait quelquefois douze à quinze cents devant la porte du Grand-Séminaire, leur distribuait un petit secours à chacun, et ne consentait qu'après cela à prendre sa frugale réfection.

Après de tels exemples de piété et de dévotion, est-il étonnant que les sulpiciens, chargés au Puy de la direction du Grand-Séminaire, aient formé un clergé si dévot envers la sainte Vierge? Est-il étonnant que cette maison bénie, où continuent encore d'enseigner les dignes enfants de M. Olier, ait été la pépinière de tant de saints prêtres? Est-il étonnant enfin que notre clergé ait fourni tant de martyrs à l'Eglise du Puy, pendant la grande Révolution française? L'honneur, après Dieu, en revient tout entier aux Messieurs de Saint-Sulpice, dont toute l'étude semble être de laisser oublier les grandes œuvres qu'ils opèrent. Oui, si le sacerdoce est si florissant et si estimé dans ce diocèse de Marie, on le doit certainement à la pieuse direction que les jeunes clercs reçoivent au Grand-Séminaire.

Du reste, la situation, unique au monde, de cet établissement ecclésiastique se prête d'une façon admirable au développement de la piété et à l'étude des sciences sacrées. Placé aux portes de la Cathédrale, à quelques pas seulement du sanctuaire de Notre-Dame, il ne laisse pas d'être cependant dans une profonde et complète solitude. Plusieurs terrasses, couvertes de belles allées, montent, comme par différents étages, jusqu'au pied du rocher de Corneille, qui sert de piédestal à la gigantesque statue de Notre-Dame de France. De telle sorte que le regard et la protection de Marie planent sans cesse sur cette sainte maison. Puisse Notre-Dame du Puy être toujours **propice** à son cher Séminaire du Mont-Anis !

PRIÈRE.

Notre-Dame du Puy, priez pour nous!

O Marie, nous vous prions pour le clergé de ce diocèse, pour les six cents prêtres à qui vous avez confié le soin des âmes dans le Velay. Donnez-leur à tous l'esprit qui fait les vrais apôtres, l'esprit du saint curé d'Ars, l'esprit de saint François de Sales, l'esprit de saint Bernard et de saint François d'Assise, l'esprit de saint Pierre, de saint Paul et de saint Jean, l'esprit du bon Pasteur venu en ce monde à la recherche des brebis perdues d'Israël; sanctifiez le clergé chrétien, pour qu'à son tour, le clergé chrétien forme ici-bas des peuples vertueux et qu'il conduise l'âme des multitudes dans les chemins du Seigneur. Obtenez-lui des grâces surabondantes, en ces temps difficiles où il a tant besoin de la force d'en Haut, pour faire entendre la parole du salut aux âmes égarées et pécheresses, si nombreuses aujourd'hui. Que vos prêtres, ô Marie, soient toujours le sel de la terre au milieu de laquelle ils vivent! Que par leurs exemples et leurs enseignements ils soient une digue toute puissante contre le flot de plus en plus envahissant de l'erreur et de la corruption! Que leurs lèvres distillent toujours la science des saintes Ecritures et du salut! Que leur cœur soit toujours le refuge des pauvres et des malheureux, des faibles et des persécutés, des malades et des agonisants, des justes et des pécheurs, de tous ceux qui souffrent et de tous ceux qui pleurent! Enfin, ô Marie, que les âmes sauvées par eux, soient un jour leur couronne de gloire en Paradis. Ainsi soit-il!

Salve Regina!

CHAPITRE TRENTIÈME

Impressions salutaires que l'on ressent dans l'Eglise angélique de Notre-Dame du Puy.

LA nature, avec ses impressions, sa beauté, ses aspects qui parlent tout à la fois à l'esprit, au cœur et à l'âme, ne contribue pas peu à élever l'homme vers son Créateur. C'est là ce qui explique pourquoi certaines contrées de la France ont un caractère plus profondément religieux que d'autres. Demandez au breton pourquoi sa croyance est plus fortement enracinée que les chênes de son pays, il vous montrera l'Océan qui fouette ses falaises, et sur lequel il croit voir « l'esprit de Dieu porté sur les eaux. *Et Spiritus Dei ferebatur Super aquas.* » (Genèse, 1-2.) Il vous montrera ses landes désertes sur lesquelles il voit également planer l'infini. Demandez à l'habitant du Velay la raison de son culte spécial pour Marie : il vous montrera ses pics qui surgissent du fond de ses vallées; il vous montrera la ceinture de sapins et la couronne de montagnes, qui font du Velay comme un temple naturel que la sainte Vierge s'est plu à consacrer par diverses apparitions, et au centre duquel elle a désigné elle-même le lieu ou elle désirait être spécialement invoquée.

Ce lieu ainsi choisi par la sainte Vierge, c'est le sanctuaire angélique du Mont-Anis. Rien, tout à la fois de plus saisissant, de plus religieux et de plus pittoresque que l'aspect qu'offrent le sanctuaire et la cité du Puy-Sainte-Marie, aux innombrables pèlerins qui s'y rendent de toutes parts.

La Basilique, notamment, par sa structure et ses dispositions toutes particulières est un monument unique en France. Elle est bâtie moitié sur une plate-forme de brèche volcanique, dépendante du rocher de Corneille qui la domine, et moitié sur un précipice profond qui a été comblé à la hauteur du sol par le moyen de fortes voûtes jetées hardiment sur l'abîme, et supportées par d'énormes piliers flanqués eux-mêmes de grosses colonnes byzantines. Entrons un instant dans ce mystérieux sanctuaire et soumettons nos âmes aux salutaires impressions que l'on y éprouve :

Parmi les âmes qui pénètrent dans le sanctuaire de Marie, les unes sont en grâce avec Dieu, les autres ont des péchés sur la conscience. Les premières subissent tout de suite le charme que l'apparition de Marie laissa autrefois dans ce lieu, et y éprouvent je ne sais quelle sensation suave et quel mélange de paix et de bonheur vraiment extraordinaire. Peu à peu le calme profond de ce sanctuaire, le recueillement qui y règne, vous gagnent et vous pénètrent complètement. Oh! qu'il fait bon prier là, et y épancher son âme aux pieds de Marie! Comme on sent bien que les Anges ont consacré cette solitude, l'ont traversée en tout sens et que la sainte Vierge y est descendue autrefois à l'endroit même où s'élève aujourd'hui son autel! La prière est si douce en cette Basilique et l'on s'y trouve si bien qu'on voudrait pouvoir y rester, y vivre, y mourir même et y reposer dans un tombeau. On comprend, après cela, pourquoi, en 1485, Jean de Bourbon, un des plus illustres Evêques du Puy, tenait tant à avoir son sépulcre dans cette église, qu'il offrit, mais en vain, au Chapitre, en échange de cette faveur, la somme considérable à cette époque de 4.000 livres de rente. Ah! c'est que ce lieu est véritablement charmé, et le charme que l'on y éprouve est divin! Le pécheur et l'incrédule ne peuvent pas plus le méconnaître que s'en défendre : ils le subissent aussi bien que les saintes âmes. Seulement ils l'éprouvent d'une autre façon : au lieu de se manifester par le calme et la paix, ce charme se traduit chez eux par la crainte respectueuse, la terreur involontaire et surtout par de salutaires remords. Il semble qu'une voix intérieure leur crie les paroles de l'inscription, qui se trouve gravée dans la pierre de l'une des marches de l'escalier de la Cathédrale : « *Ni caveas crimen, caveas contingere limen !* Arrière, vous qui êtes en état de péché mortel ! » Il semble que cette voix leur redise aussi ces paroles, d'une autre inscription, à demi effacée, que l'on lit encore près de la porte du For : *Lubrica si vita fuerit, tunc limina vita !* c'est-à-dire : « Fuyez loin d'ici, vous dont la vie n'est pas pure ! » Malgré eux, ils sentent que ce lieu est saint : *Iste locus sanctus est !* Il y a, en effet, dans l'air qu'on y respire quelque chose d'indéfinissable et de divin qui subjuge doucement l'âme, apaise ses passions et la dispose suavement aux secrètes influences de la grâce. Nulle part, du reste, se rencontre mieux que là, le recueillement dont l'âme a besoin pour parler à Dieu et lire dans sa conscience. Dès l'entrée, ce recueillement vous saisit et vous captive ; une fois entré, on ne sait pas se retirer, on sent le besoin de s'attarder sur ces dalles, d'y soupirer, d'y gémir, d'y pleurer... La demi-obscurité répandue dans ce lieu porte, en outre, à prier ; car, rien ne sied mieux à la prière, que ce demi-jour mystérieux, que les verrières ne laissent pénétrer qu'avec épargne. On y voit à peine pour lire, c'est vrai : Mais a-t-on besoin d'un livre pour prier, pour sonder sa conscience et pleurer ses péchés ? On prie donc presque irrésistiblement et l'on prie d'autant mieux que l'on prie alors avec son cœur !

Ah ! nous ne craignons pas de l'affirmer : si les saintes prières, si les larmes du cœur, si la ferveur et les transports des âmes innombrables qui sont venues prier là, depuis dix-huit siècles, peuvent ajouter quelque chose à la sainteté et à la consécration de ce lieu, aucun sanctuaire, sous ce rapport, n'a été favorisé comme celui-là !

En cela, du reste, apparaissent clairement les vues de la Providence sur cette Eglise angélique. Dans les desseins de Marie, le but de ce pèlerinage n'a pas été surtout la santé du corps, mais la santé de l'âme et la conversion des pécheurs. D'ailleurs, aux yeux de la foi, tout le reste est secondaire et ne tend qu'à cette fin !

Allons donc souvent prier Marie dans son sanctuaire du Mont-Anis! Rapprenons de nouveau le chemin oublié, que nous aimions tant à suivre dans notre enfance et que foulèrent si souvent nos aïeux. Quoi de plus doux et de plus réconfortant pour un enfant du Velay, que d'épancher son âme sous les voûtes de cette Cathédrale, où s'agenouilla Charlemagne, où se prosterna saint Louis, où le grand Pape, Urbain II, et l'illustre Adhémar, évêque du Puy, poussèrent leur premier cri de guerre, ce cri souverain : « Dieu le veult! » qui devait jeter la chrétienté tout entière aux Croisades. Ah ! quand on sait les écouter et les entendre, toutes les pierres qui composent les voûtes, les colonnes, les murailles et le parvis de ce temple, toutes ces pierres ont une voix qui chante les gloires de la Mère de Dieu et nous invite à aimer Marie. Les *ex-voto* appendus à ces murs nous parlent de ses bienfaits, les lampes qui brûlent nuit et jour autour de son autel, nous rappellent les trente-deux lampes d'argent qui brûlaient constamment, autrefois, devant la statue de la Vierge noire, et nous disent la dévotion qu'un grand nombre d'âmes lui portent encore dans le Velay. Enfin, il n'est pas jusqu'à cette chaire célèbre, dont la vue ne nous émeuve, en nous rappelant aussi, que là, saint Mayeul, saint Odilon de Cluny, saint Dominique, saint Antoine de Padoue, saint Vincent-Ferrier, saint François-Régis, le P. Brydaine ont précédé jadis, en leur frayant la voie, les Ravignan, les Combalot et les Félix ! La voix de ces grands orateurs semble retentir encore du haut de cette chaire ; et, pour raviver dans tous nos cœurs la dévotion envers Notre-Dame du Puy, le P. Brydaine semble nous redire aujourd'hui, comme en 1743 : « Souvenez-vous, cher peuple du Velay, souvenez-vous que c'est peu pour la divine Marie et pour vous, d'avoir vu, dans cette célèbre église, neuf rois de France, trois empereurs, trois Papes, et tant d'illustres princes et princesses, prosternés humblement à ses pieds, déposer leurs sceptres et leurs couronnes, si vous, qui êtes comme ses enfants privilégiés, depuis des générations immémoriales, vous ne vous montrez dignes imitateurs de la confiance que vos pères ont eue en cette Reine des Anges et des hommes. Pensez surtout qu'elle exige de vous, non pas simplement des hommages passagers, mais que vous l'honoriez constamment par la pureté de vos mœurs plus que tous les peuples de l'univers, et que vous recourriez confidemment et fréquemment à elle, non seulement dans vos besoins temporels, mais aussi, et surtout, dans vos besoins spirituels. Je vous répète et vous conjure donc de n'oublier jamais la confiance qu'attend de vous la divine Marie. Je voudrais vous piquer d'honneur et vous faire renchérir sur les sentiments de tous les peuples du monde chrétien. Quoi ! cher peuple du Velay ! voudriez-vous que des étrangers vinssent, pour ainsi dire, vous enlever des trésors qui sont autour de vos foyers, et sur lesquels votre bonne et tendre Mère vous offre journellement tout droit de préférence !... »

Ainsi parlait Brydaine ; et nos pères, qui l'écoutaient avidement, s'écriaient tous qu'ils ne voulaient jamais cesser d'honorer et d'aimer de tout leur cœur la patronne du Velay ! Faisons, à notre tour, les mêmes protestations à la Vierge Marie, et jurons, nous aussi, un éternel amour à notre auguste protectrice, Notre-Dame du Puy.

PRIÈRE

Notre-Dame du Puy, protégez ce pèlerinage sacré, ce sanctuaire de grâces et de bénédictions que vous avez confié à la garde de tous les chrétiens du Velay ; empêchez que sa gloire ne s'éclipse et ne périsse par leurs fautes, comme périssent, hélas ! ici-bas, tant de grâces de Dieu dont tant de chrétiens ingrats ne craignent point d'abuser !

Notre-Dame du Puy, veillez sur ces roches saintes d'Anis et de Corneille où les multitudes des pèlerins viennent vous prier avec amour. Défendez-les contre toute profanation ! Que le sanctuaire élevé sur la place où vous êtes apparue, il y a dix-huit cents ans, soit à jamais sacré ! Que les pécheurs y trouvent le repentir de leurs fautes, que les malades y reçoivent la guérison de leurs maux ; que les âmes faibles et chancelantes y puisent la force dont elles ont besoin ; que ceux qui viennent y pleurer y soient consolés ; que tous ceux qui viennent y prier y soient exaucés ! Que nulle âme enfin, venue pour chercher la foi en ce lieu, ne s'en aille sans l'avoir trouvée et sans l'emporter dans son cœur comme un précieux trésor ! Que les grands pèlerinages d'autrefois ressuscitent et reprennent leur cours interrompu ! En un mot, que votre gloire dix-huit fois séculaire, ô Notre-Dame du Puy, brille désormais d'un nouvel éclat, et que l'amour et la dévotion des habitants du Velay pour vous, soient à jamais immuables et solides comme le roc qui porte aujourd'hui votre temple et votre statue !

Notre-Dame du Mont-Anis, priez pour nous ! *Amen !*
Salve Regina !

CHAPITRE TRENTE-UNIÈME

De la statue colossale élevée au Puy, à la sainte Vierge sous le nom de Notre-Dame de France.

CE fut une idée magnifique que celle d'élever à Marie sur le sommet du Mont-Corneille la statue colossale qui en fait une fois de plus la reine du Velay. La première idée en vint, dit-on, au Père de Ravignan, alors qu'il préparait au Puy, en 1846, ses belles conférences pour Notre-Dame de Paris. En 1850 son idée fut reprise, par l'abbé Combalot, et il fut enfin donné à Monseigneur de Morlhon de la réaliser.

Un concours fut ouvert, auquel prirent part 53 artistes, et M. Bonassieux fut proclamé lauréat à l'unanimité. Son projet de statue était en effet un véritable chef-d'œuvre.

Mais comment le réaliser !

La question financière paraissait insurmontable. Sans se décourager, Mgr de Morlhon ouvrit lui même une souscription diocésaine par un don généreux de dix mille francs. Le diocèse souscrivit pour cent mille francs ; mais la statue projetée devait avoir seize mètres de haut ; il fallait donc des ressources bien autrement considérables. La France entière fut appelée à souscrire au monument.

La France répondit généreusement à cet appel. Les trois cent mille petits enfants que les bons Frères des écoles chrétiennes élevaient alors en France, s'offrirent à faire, à eux seuls, les frais du piédestal. C'était la souscription nationale qui commençait par tout ce qu'elle peut avoir de plus gracieux. Ce fait rappelle bien les légendes qui ont valu, à notre Cathédrale, son nom d'église angélique : de même que les anges du ciel avaient consacré jadis, le sanctuaire de Notre-Dame, de même les petits anges de la France voulaient, à leur tour, consacrer à la Mère de l'Enfant Jésus, le rocher qui devait servir de piédestal à sa colossale statue. La souscription de ces petits enfants n'atteignit pas moins de 15,000 francs.

Sur la requête éloquente de Mgr de Morlhon, l'empereur Napoléon III souscrivit pour 10,000 fr. et l'impératrice pour 2,000. De plus, sur la demande de l'Evêque, l'empereur promit, pour la statue, les canons que l'armée française devait prendre à Sébastopol. On était alors au 5 septembre 1855. Le 8, fête de la Nativité de la sainte Vierge, Sébastopol avec ses arsenaux, ses forteresses et son port remplis de pièces d'artillerie, tombait aux mains de nos valeureux soldats. A la suite de cette victoire, la paix ayant été signée (30 mars 1856), deux cent treize canons, représentant un poids de 150,000 kilogrammes de fonte de fer, furent mis, par l'empereur, à la disposition de Monseigneur l'Evêque du Puy. Grâce à cette espèce de carte forcée, tirée providentiellement par nos soldats sur la Russie schismatique, grâce aussi aux ressources de la souscription nationale, qui s'éleva à plus de 300,000 francs, la statue de Notre-Dame de France put être coulée à Givors, avec les canons de Sébastopol. Grande et chrétienne pensée que celle d'avoir ainsi converti l'airain tonnant des batailles en un symbole de miséricorde et d'amour.

Enfin, le 12 septembre 1860, eut lieu l'inauguration de la colossale statue. Jamais la ville du Puy n'assista à plus belle fête et à plus magnifique triomphe. Plus de cent vingt mille pèlerins étaient accourus à cette pieuse cérémonie. Dès le matin, à cinq heures, les cloches de toutes les paroisses, de toutes les églises, de toutes les communautés, s'éveillant toutes à la fois, saluèrent de leurs joyeuses volées l'aube de la fête qui se levait. Rien d'émouvant comme ses hymnes d'airain, portés sur l'aile des quatre vents du ciel, et chantant les gloires de Dieu dans l'espace infini.

A dix heures, une procession, dont la magnificence défie toute description, sortit des sombres profondeurs du porche de la Cathédrale et descendit, avec la lente majesté d'un fleuve contenu, les pentes des rues qui conduisent à la grande place du Breuil. A la suite de cet immense défilé s'avançaient douze prélats, portant des crosses, des mitres et des chapes splendides. C'étaient Nos Seigneurs, les Evêques de Viviers, de Saint-Flour, de Torento, de Valence, de Mende, de Tulle, d'Autun, de Clermont et du Puy. Venaient ensuite les archevêques de Tours et d'Alby, et enfin, dans le splendide éclat de la pourpre romaine, Mgr Donnet, cardinal-archevêque de Bordeaux, fermait la marche de cet auguste cortège. Tous ces grands dignitaires de l'Eglise viennent prendre place sur une magnifique estrade, au milieu de laquelle un riche autel avait été préparé pour le Saint-Sacrifice. Là, tous les regards étant fixés sur le rocher de Corneille où se dressait la statue voilée, un chœur immense entonne un hymne à la Vierge. Soudain le canon tonne, le voile de la statue tombe, une immense acclamation de joie et d'ivresse la salue ; tambours, clairons, fanfares mêlent leur grande voix aux acclamations et aux hourras de la foule.

Puis, sur un signe, tout se tait ; les prélats sont debout, leurs mains se lèvent toutes ensemble pour bénir la statue. Chacun prononce à haute voix, selon le rite prescrit, la formule sacrée : A ce moment, un murmure contenu court comme un frisson sur la foule surprise ; le ciel, qui avait été jusqu'alors sombre et nébuleux, semble soudain s'éclaircir ; un rayon de soleil perce la nue, inonde d'abord le monument de sa pure et radieuse lumière, et s'épanche ensuite en flots d'or sur la ville, comme si du haut du ciel, Marie en personne eut voulu sourire à cette fête. Bien des âmes ne purent s'empêcher de voir une intervention surnaturelle dans cette merveilleuse coïncidence, et le mot de miracle fut même prononcé par un grand nombre de spectateurs.

Quoi qu'il en soit, elle est là maintenant, la colossale statue, elle est là debout sur son gigantesque piédestal de granit, le front dans l'azur et presque aux écoutes du ciel. Du haut du roc où elle se dresse, elle apparaît aux yeux de la foule comme une radieuse et puissante Reine. Elle plane désormais dans l'espace, sur les temps et sur les hommes ; le divin Enfant qu'elle porte entre ses bras, bénit la ville et la France, et l'antique cité d'Anis, fille des grands souvenirs, s'enorgueillit justement de voir sa plus chère croyance et toute son histoire, se dresser de la sorte, immortelles, sur un incomparable piédestal.

Rappelons, en finissant, que le rocher sur

lequel s'élève la statue est à cent trente-deux mètres au-dessus de la place de l'Hôtel-de-Ville, et à sept cent cinquante-sept mètres au-dessus du niveau de la mer. Le piédestal mesurant sept mètres au-dessus du rocher, et la statue seize mètres au-dessus du piédestal, les étoiles qui composent la couronne de la statue sont donc à sept cent soixante-quatre mètres au-dessus du niveau de la mer. La longueur totale du serpent qui se tord et expire sous les pieds de Marie, n'a pas moins de dix-sept mètres; le pied qui l'écrase a un mètre quatre-vingt-douze centimètres. La chevelure qui se déroule à longs plis sur le manteau constellé de la Vierge, a une longueur de sept mètres; l'avant-bras a trois mètres soixante-quinze, et la main, de l'attache du poignet jusqu'au bout des doigts, mesure un mètre cinquante-six centimètres. Enfin, la statue, au point de son plus large développement, a dix-sept mètres de circonférence. Aucun monument en métal fondu, existant jusqu'à ce jour, n'a encore atteint de telles proportions. La statue de saint Charles Borromée, à Milan, qui mesure quelques mètres de plus, est simplement en plaques de cuivre repoussé. L'on peut donc bien dire, avec vérité, que par ses dimensions colossales, par sa double signification de patriotisme et de foi, par la convenance enfin et l'harmonie de toutes choses, autour d'elle, la statue de la sainte Vierge, élevée au Púy, sur le rocher de Corneille est digne du Velay et de la France, et n'a point d'égale au monde.

Heureux ceux à qui il a été donné d'assister au spectacle merveilleux que nous venons de raconter ; et gloire éternelle, amour sans fin à Marie, la patronne et la Reine de notre bien-aimé diocèse et de notre chère Patrie !

PRIÈRE

Notre-Dame du Puy, Notre-Dame de France, priez pour nous !

Nous venons de raconter votre glorieuse histoire. Que vous demanderons-nous maintenant, en ce dernier jour du beau mois fleuri qui vous est consacré ? Que vous demanderons-nous à la fin de ce livre où sont racontées les merveilles que vous avez daigné opérer sur le Mont-Anis !

O Marie, nous vous adresserons une dernière prière pour le Velay et pour la France ! nous vous demanderons une dernière et suprême bénédiction pour nos montagnes, une dernière et suprême bénédiction pour notre Patrie ! Reine du Velay, vous êtes aussi la Reine de la France, et la France et le Velay vous implorent à genoux et se recommandent à votre toute puissante protection !

Nous vous prierons également pour chacun de nous en particulier : ô Marie, conservez en nos cœurs la foi ardente, qui, par moments, est venue réchauffer nos âmes pendant la lecture de ce petit livre. Maintenez en nos cœurs les bonnes résolutions que nous avons prises, durant ce mois qui nous a tous réunis en votre nom. Humblement prosternés à vos pieds, nous nous consacrons à vous, ô Notre-Dame du Puy nous nous donnons à vous, nous remettons à votre bonté la direction de notre vie. Soyez, désormais, notre espérance et notre force, notre consolation et notre soutien, notre joie et notre amour! Chaque jour, nous ajouterons à nos prières ces mots désormais chers à notre cœur : Notre-Dame du Puy, priez pour nous! nous les répèterons souvent en nous-mêmes, sachant que vous les entendez et que vous êtes sans cesse à côté de nous, par votre invisible mais réelle présence. Nous les dirons enfin, à l'heure redoutable où nous irons paraître devant le Souverain Juge! Porte du Paradis, ouvrez-vous alors pour chacun de nous!

Notre-Dame du Puy, priez pour nous! Ainsi soit-il!

Salve Regina!

LE VELAY

A M. l'Abbé Edouard PEYRON

Ire STROPHE

Paroles de Marc du Velay p. mezza voce Musique de A. Chapuis.

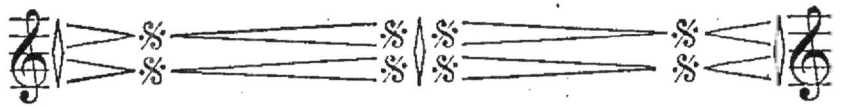

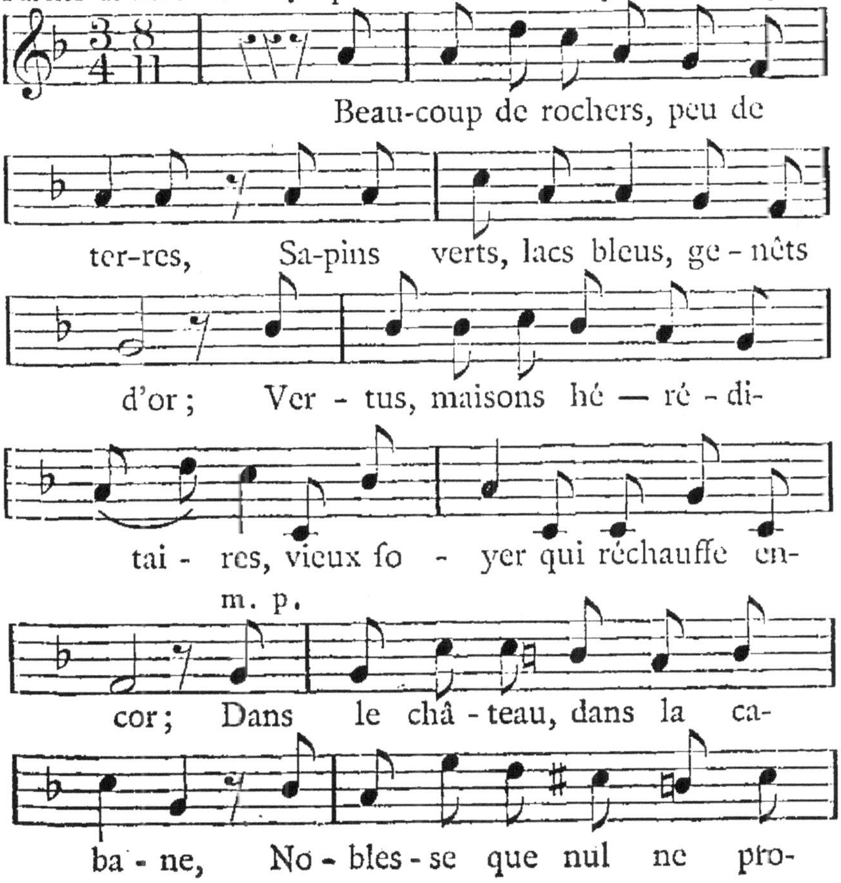
3 8
4 11
Beau-coup de rochers, peu de
ter-res, Sa-pins verts, lacs bleus, ge-nêts
d'or; Ver-tus, maisons hé-ré-di-
tai-res, vieux fo-yer qui réchauffe en-
m. p.
cor; Dans le châ-teau, dans la ca-
ba-ne, No-bles-se que nul ne pro-

2ᵉ STROPHE

Sommets arides, vent qui gronde,
Volcans sous la glace endormis ;
Petite source ailleurs féconde,
Fleuve en de plus heureux pays ;
Moutiers, donjons où l'aigle plane,
Sainte basilique romane
Au séculaire jubilé ;
Rude travail, Humble souffrance,
Braves soldats morts pour la France,
C'est le Velay, c'est le Velay,
Que Dieu protège le Velay !
Rude travail, humble souffrance,
Braves soldats morts pour la France,
C'est le Velay, c'est le Velay,
Que Dieu protège le Velay !

3ᵉ STROPHE

Sainte terre où pour les croisades
On s'armerait comme autrefois,
Où l'on chante encor des ballades,
Où l'on salue encor les croix ;
Durs laboureurs, femmes honnêtes,
Prêtres bénis, fervents poëtes,
Bons serviteurs, pas un valet ;
Doux accueil ouvrant toutes portes,
Chastes amours, amitiés fortes,
C'est le Velay, c'est le Velay,
Que Dieu protège le Velay !
Doux accueil ouvrant toutes portes,
Chastes amours, amitiés fortes,
C'est le Velay, c'est le Velay,
Que Dieu protège le Velay !

(Tous droits réservés.)

INDICATION DES SOURCES HISTORIQUES

D'où ont été extraits les matériaux de ce petit livre.

---

1. *Actes de saint Georges*. Manuscrit très ancien, cité par Médicis dans ses chroniques. Edition Chassaing.
2. Le Père Matharan, jésuite : *Traditions chrétiennes sur saint Georges*.
3. Odo de Gissey, jésuite. *Discours sur la dévotion de Notre-Dame du Puy*.
4. L'Ermite Théodore. *Histoire de Notre-Dame du Puy*.
5. Le Père Théodose de Bergame, capucin, réédité par Ch. Rocher.
6. L'abbé Frugère. *Apostolicité de l'Eglise du Velay*.
7. *Sanctoral* de Mgr de Maupas, évêque du Puy (1661).
8. Le chanoine Montlezun. *Histoire de N.-D. du Puy*.
9. Charles Rocher, avocat. *Rapports de l'Eglise du Puy avec Girone*.
10. *Annales* de la Société acad. du Puy, 34 vol. *passim*.
11. Arnaud. *Histoire du Velay*.
12. Mangon de la Lande. *Essai historique sur les antiquités de la Haute-Loire*.
13. Hugues d'Avignon. *La Velléiade, 1630*.
14. De Bec-de-Lièvre. *Catalogue des antiquités du Musée du Puy*.
15. Deribier. *Statistique de la Haute-Loire*.
16. Mérimée. *Notes d'un voyage en Auvergne*.
17. Mandet. *L'ancien Velay*, 7 vol.
18. Dulac de la Tour. *Histoire du canton du Puy*.
19. *Congrès scientifique de France*, tenu au Puy en 1855.

20. Caillau. *Gloires de Notre-Dame du Puy.*
21. Jacques Branche. *Vies des Saints d'Auvergne et du Velay.*
22. Le Père Fita, jésuite. *Les Rois d'Aragon et l'Eglise de Girone.*
23. *Tablettes historiques du Velay*, 8 vol.
24. *Semaine religieuse du diocèse du Puy.*
25. *L'Echo de Notre-Dame de France.*
26. L'abbé Cornut. *Causeries historiques sur le Velay.*
27. Darras, tome 20, p. 356.
28. Pouderoux. *Mémoire sur le Jubilé de N.-D. du Puy.*
29. Collin de Plancy. *Légendes des Saintes Images.*
30. *Cartulaire municipal de la ville de Lyon*, par Guigne.
31. *Mémoires de la nouvelle Société académique du Puy.*
32. Médicis. *Mémoires*, 2 vol., édition Chassaing.
33. Jacquemond. *Mémoires*, 1 vol., édition Chassaing.
34. Bernard. *Le Chanoine.*
35. Mgr Darcimoles. *Mandement* pour le Jubilé de 1842.
36. Ruinard. *Vita Urbani II.*
37. Michaud. *Histoire des Croisades.*
38. Albert d'Acqui. *Historia hierosolymitana.*
39. Guillaume de Tyr.
40. *Urbain II*, par Adrien de Brimont.
41. *Caffaro*, consul de Gênes.
42. *Thesaurus Anecdotorum*, par dom Martène.
43. Louis de Laincel. *Voyage humoristique dans le midi de la France.*
44. Alain de la Roche. *Psautier du Christ et de la T. S. Vierge.*
45. Vincent de Beauvais. *Speculum historiale.*
46. Migne. *Dictionnaire des Confréries.*
47. De Lantages. *Vie de la Mère Agnès.*
48. *Histoire de Charles VII*, par G. du Fresne de Beaucourt.

INDICATION DES SOURCES

49. *Histoire de Charles VII*, par Valet de Viriville.
50. *Revue des deux mondes. Les Franciscains et Jeanne d'Arc*, par S. Luce.
51. *Saint Antoine de Padoue*, par le Père Henri, capuc.
52. Wadding. *Annales des Frères-Mineurs*.
53. Pierre Comestor. *De transitu jeremiæ in Ægypto*.
54. El-Azraki, cité par Burkhardt. *Voyage en Arabie*.
55. Orsini. *Histoire de la Mère de Dieu*.
56. Faujas de Saint-Fond. *Recherches sur les volcans éteints du Vivarais et du Velay*, avec un *Mémoire sur un monument très antique de la Cathédrale du Puy*.
57. Burel. *Mémoires*, édition Chassaing.
58. *Biographie universelle*, par Michaud.
59. *Vie de M. Olier*.
60. *Conférence sur les Martyrs de la Révolution dans le diocèse du Puy*.
61. Cheruel. *Dictionnaire historique des institutions, mœurs et coutumes de la France*.
62. *Acta sanctorum des Bollandistes*.
63. Henri Pignot. *Histoire de l'Ordre de Cluny*.
64. Patrologie de Migne. *Vita Petri venerabilis*.
65. Antoine de Lestang. *Histoire des Gaules*.
66. Fraisse. *Etude sur Hardouin, évêque du Puy*.
67. De la Morlière. *Antiquités de la ville d'Amiens*.
68. *Munimenta Gildhallæ Londoniensis, liber custumarum*.
69. *Histoire de l'abbaye de Vezelai*, dans le recueil de dom Bouquet, réédité par L. Delisle, tome XII.
70. *Spicilegium d'Achéry*, tome II.
71. Père Cathary, jésuite. *Les origines du Puy*, considérées au point de vue de l'histoire, de la géographie, de la tradition et de l'archéologie.
72. Le Père Nampon, jésuite. *Histoire de N.-D. de France*.

73. Faillon. *Vie de M. de Lantages.*
74. L'abbé Caron. *Vie de J. Brydaine*, missionnaire.
75. Charles Calemard de La Fayette. *Vie de Mgr de Morlhon.*
76. *Mélanges historiques*, par l'abbé Payrard.
77. *Conférences sur les martyrs de la Révolution au Puy.*
78. Dom Estiennot. *Antiquités bénédictines du diocèse du Puy.*
79. Mathurin des Roys. *Fondation et érection de la saincte, dévote et miraculeuse Eglise de Notre-Dame du Puy.*
80. En outre une foule d'*articles historiques* parus dans la *Semaine religieuse* ou dans les *Mémoires de la Société académique du Puy*, et signés : Lascombe, Aymard, Jacotin, de Bastard, chanoine Sauzet, abbé Démiau, abbé Arsac, Père Eyrol, l'abbé Fraisse, etc., etc.

Enfin *Souvenirs personnels* de l'auteur.

TABLE DES MATIÈRES

A Notre-Dame du Puy (sonnet).
Lettre approbative de Mgr Constant Guillois, évêque du Puy.. I
Lettre approbative de Mgr de Pélacot, évêque élu de Troyes.. III
Dédicace à Mgr Constant Guillois, évêque du Puy..... IV
Avertissement au lecteur......................... IX
Préface.......................................
La sainte messe entendue en l'honneur de Notre-Dame du Puy..
Antienne d'Adhémar du Monteil, évêque du Puy.....
Chapitre Ier. — Comment le christianisme et le culte de Marie s'introduisirent dans le Velay...............
Chapitre II. — De l'amour de Dieu et de la sainte Vierge pour les montagnes; et du miracle par lequel le Mont-Anis fut désigné pour servir d'emplacement à l'église de Notre-Dame du Puy.............................
Chapitre III. — Ce qu'il y avait au Mont-Anis avant que la sainte Vierge y apparût........................... 21
Chapitre IV. — De la construction de la Basilique de Notre-Dame du Puy................................
Chapitre V. — Comment la Basilique de Notre-Dame du Puy fut consacrée par les Anges................ 39
Chapitre VI. — Notre-Dame du Puy et l'Empereur Charlemagne.................................... 47
Chapitre VII — Comment le prince Sarrasin Mira assiégé par Charlemagne dans la forteresse de Mira...

devenue aujourd'hui le château-fort de Lourdes — ne consentit à se rendre à personne qu'à Notre-Dame du Puy.. 57

Chapitre VIII. — Parallèle entre Notre-Dame du Puy et Notre-Dame de Lourdes..................................... 67

Chapitre IX. — Origine du Grand-Pardon ou Jubilé de Notre-Dame du Puy, et privilèges et indulgences attachés à l'église angélique................................... 77

Chapitre X. — Popularité du Grand-Pardon ou Jubilé de Notre-Dame du Puy, depuis son institution jusqu'à la grande Révolution française.............................. 87

Chapitre XI. — Le Jubilé ou Grand-Pardon de Notre-Dame du Puy, à partir de la Révolution jusqu'à nos jours.. 97

Chapitre XII. — Les Papes et Notre-Dame du Puy..... 105

Chapitre XIII. — Comment Adhémar du Monteil, évêque du Puy, institua, en l'honneur de Notre-Dame, le *Salve Regina*.. 115

Chapitre XIV. — Notre-Dame du Puy et l'ordre de Saint-Dominique... 123

Chapitre XV. — Notre-Dame du Puy et la Vénérable Mère Agnès de Jésus.. 131

Chapitre XVI. — Notre-Dame du Puy et le roi Charles VII.. 139

Chapitre XVII — Comment Jeanne d'Arc, sur le point de délivrer la France, envoya sa mère au Jubilé du Puy pour recommander à notre Vierge noire le succès de sa mission... 147

Chapitre XVIII. — Notre-Dame du Puy et l'ordre de Saint-François-d'Assise...................................... 157

Chapitre XIX. — Histoire admirable de la statue miraculeuse de Notre-Dame du Puy.................................. 165

Chapitre XX. — Des processions où l'on portait en triomphe la statue miraculeuse de la Vierge noire.... 175

www.ingramcontent.com/pod-product-compliance
Lightning Source LLC
Chambersburg PA
CBHW060333170426
43202CB00014B/2764